VEGANISMO:
caminho para a paz

Aurea Gervasio

Dedico este livro a todos os animais que foram vítimas de alguma forma de crueldade praticada pelos animais da minha espécie.

"No princípio, Deus criou os céus e a terra. A terra estava informe e vazia; as trevas cobriam o abismo e o Espírito de Deus pairava sobre as águas.

Deus disse: 'Faça-se a luz!' E a luz foi feita. (...)

Deus disse: 'Produza a terra seres vivos segundo a sua espécie: animais domésticos, répteis e animais selvagens, segundo a sua espécie.' E assim se fez.

Deus fez os animais selvagens segundo a sua espécie, os animais domésticos igualmente, e da mesma forma todos os animais, que se arrastam sobre a terra. E Deus viu que isso era bom.

Então Deus disse: 'Façamos o homem à nossa imagem e semelhança. Que ele reine sobre os peixes do mar, sobre as aves dos céus, sobre os animais domésticos e sobre toda a terra, e sobre todos os répteis que se arrastem sobre a terra.' (...)

Deus disse: 'Eis que eu vos dou toda a erva que dá semente sobre a terra, e todas as árvores frutíferas que contêm em si mesmas a sua semente, para que vos sirvam de alimento. E a todos os animais da terra, a todas as aves dos céus, a tudo o que se arrasta sobre a terra, e em que haja sopro de vida, eu dou toda erva verde por alimento.' E assim se fez. (...)" **(Livro de Gênesis).**

O homem cresceu e se multiplicou. Veio a civilização. E a semente e a erva verde foram insuficientes para servir de alimento. Passou o homem a devorar os peixes do mar, as aves dos céus, os répteis e os animais silvestres. Também deixou de reinar sobre os animais domésticos e os abandonou à própria sorte, quando não os maltratou como um monstro maltrata a presa. E poluiu a terra, os ares e destruiu a natureza. Também deixou de acreditar na Criação. A isso tudo chamou de livre arbítrio.

SUMÁRIO

CAPÍTULO I

O espírito protetor

Durante muito tempo, trabalhei no centro de uma floresta repleta de frondosas e centenárias árvores e rios de águas mansas, povoada pelas mais belas espécies de animais e pássaros silvestres. Não sei por que razões não me fizeram obreiro no lar onde vivem e trabalham os espíritos errantes, em auxílio aos encarnados. Mas não posso questionar os desígnios divinos, por não os conhecer; apenas me submeto humildemente a eles, e emprego meu labor em defesa dos seres que não podem se proteger.

Enquanto espírito encarnado, com frequência eu me questionava se Deus realmente existe e, se existisse, como Ele seria. Nunca aceitei a ideia de um velho sábio, com as barbas brancas, que ri dos homens tolos.

Embora haja muitas décadas em que eu já não possua mais as limitações da carne, não tive ainda o privilégio de avistar meu Criador e asseverar sua existência como um Ser dotado de inteligência e sabedoria. Entretanto, como posso duvidar dela, se sobrevivi à falência dos órgãos que mantinham vivo meu corpo físico? Como posso não acreditar que Deus existe, enquanto ente espiritual, se eu mesmo, um imperfeito e desgraçado ser humano, resisti à destruição de meu corpo?

Não tenho bem a noção cronológica do tempo físico, mas

posso calcular que estive durante pelo menos duzentos anos do relógio humano incumbido de habitar as matas. E, nesse tempo, muitas frágeis vidas eu salvei, muitas delicadas histórias testemunhei, muitas inocentes desventuras vivi quase que como minhas próprias e, junto com os pequeninos sofredores, chorei seus prantos.

Quando cheguei naquele lugar, não tinha muita noção de como começar meu trabalho. Ao ver-me diante de uma imensidão de animais de todas as espécies, a primeira dúvida que me veio à mente seria saber como identificá-los um a um. Somente com o tempo me dei conta de que nomenclaturas fazem parte de convenções do mundo físico. Pedro ou Gaspar são apenas nomes. Não correspondem à identidade real de uma pessoa. Afinal, existem milhares de Pedros e Gaspares no mundo, cada um com sua própria individualidade.

No universo animal, não existem nomenclaturas pessoais. A intenção em se comunicar com um ou outro é percebida sem a necessidade de se proferir um nome. Assim, enquanto humano, em tese eu não precisaria chamar "Rex" para que meu cachorro me atendesse. Bastaria mentalizar meu desejo de que ele viesse até mim, e isso se consumaria. A realidade, entretanto, vai um pouco além disso. Os seres humanos ainda não desenvolveram a capacidade de comunicação sem o uso dos veículos físicos (a palavra, escrita ou falada). Em razão disso, muito embora os animais sejam dotados de tais atributos, os humanos não podem se comunicar com eles senão com o uso da fala. Nós, espíritos, que já não possuímos mais os instrumentos do corpo físico para nos comunicarmos, podemos transmitir nossa mensagem ou chamar por um animal apenas com a força do pensamento. Na maior parte das vezes, no entanto, usamos o verbo, atributo dos seres humanos, e ele é igualmente compreendido pelos animais, pois se conjuga com nossas energias mentais.

Já desencarnado, lembrei-me da infinidade de apelidos que dava ao meu cachorro durante meu percurso pelo corpo físico, e do fato de que ele atendia independentemente do nome ou do apelido utilizado. Não sabia, naquele tempo, que isso era fruto da harmonia entre o pensamento e a fala que lhe eram dirigidos. Se houvesse percebido tal relação, teria tentado aprimorar meus atributos psíquicos, para que, com o tempo, pudesse não mais utilizar-me sequer de apelidos, mas estabelecer uma comunicação com meu cachorro apenas com o poder da mente.

Uma de minhas mais marcantes experiências naquelas matas ocorreu em um dia de céu nublado e cheiro de chuva, quando fui direcionado pelos mestres espirituais até um rio, onde conheci a tartaruga Nádia. Dei esse nome a ela porque a cabeça achatada e pequena e o jeito de caminhar lembravam uma colega de escola dos meus tempos de encarnado. O nome é dispensável para nos tratarmos por aqui, mas acabei mantendo os velhos hábitos do mundo físico e atribuo até hoje nomenclaturas aos seres vivos com quem compartilho minhas experiências invisíveis.

Nádia tinha 75 anos e acabara de pôr seus ovos em um buraco que escavara próximo ao rio. Para defini-la com maior exatidão, tratava-se na verdade de um cágado, pois as tartarugas vivem nos mares.

Ela era grande e oval, com uma linda carapaça colorida repleta de manchas escuras.

Com ela, habitavam o rio vários outros cágados. Seus maiores temores eram os jacarés, as piranhas, os urubus, mas principalmente o homem, maior predador da região.

Após a postura dos ovos, Nádia passou a esperar ansiosamente pelo nascimento dos filhotes, que ocorreria dali a cerca de dois meses.

Ela me contou que, quando as tartaruguinhas nascem, assustam-se com o ambiente terrestre e imediatamente correm para a água. Ali dão o primeiro mergulho, deslumbradas com a imensidão do universo fora das casquinhas de seus ovos e felizes com o início de uma longa vida. Eu estava ansioso por ver essa cena...

Um dia, porém, dois homens se aproximaram de onde os ovos estavam enterrados. Demonstravam habilidade no manuseio de uma vara que passavam pela terra. Nádia, desesperada e indefesa, escondeu-se por entre as folhagens. Todos os ovos foram recolhidos e colocados em um saco confeccionado em estopa.

Naquele dia, eu pude ver uma tartaruga chorar. Os seres humanos são insensíveis às emoções dos animais, mas nós, espíritos, podemos perceber as lamúrias até mesmo de um réptil aparentemente apático.

- Não consigo compreender por que fizeram aquilo – comentei. – Será que levarão os ovos para serem chocados em outro local?

- Não. Os ovos das tartarugas servem de alimento – comentou Nádia – e por isso há muito tempo não experimento a alegria de ver meus filhotinhos nascendo e correndo felizes para o rio...

- Mas que coisa terrível...

- O que você acabou de presenciar foi a cena menos cruel de todas. Geralmente, eles chegam aqui quando acabamos de pôr os ovos, e os roubam na nossa frente, indiferentes ao sofrimento estampado em nossos olhos. Quando acontece de nossos filhotinhos nascerem, os monstros humanos também os roubam de nós e se alimentam deles.

- Estou perplexo com tamanha crueldade...

- Os animais selvagens conseguem defender a cria. Nós, répteis, somos indefesos, e resta-nos apenas nos esconder, para que não sejamos também apanhados.

Senti-me um tolo por saber que passei toda a minha vida física ignorando uma realidade tão cruel. Também me senti impotente diante do furto dos ovos de Nádia por aqueles homens. Entretanto, sabia que precisava fazer algo para ajudá-la. Minha missão naquelas matas não era assistir inerte ao sofrimento de seus habitantes. Eu tinha que fazer algo para defendê-los.

O tempo foi passando e mais uma vez Nádia pôs seus ovos. Naquele dia, as pessoas que passavam por ali estavam próximas, e ao se depararem com a fartura de ovinhos, foram logo se aproximando com seus sacos terrivelmente cheios deles.

Nádia deu um grito de horror quando se viu indefesa, diante dos monstruosos predadores. Tentei falar-lhes à consciência. Eles me ouviram, mas se fizeram indiferentes. Sabiam que aquilo era errado, mas a ganância era maior que o senso de moral.

Ambos se abaixaram e passaram a colher, um por um, os

ovinhos de Nádia, enquanto comentavam:

- Hoje foi um dia produtivo. Vamos conseguir uma boa grana do restaurante – disse um deles.

- Eles estão pedindo filhotes de tartarugas – falou o outro. – Não sabem o que querem. Ou a gente pega os ovos, ou espera os filhotes nascerem. Não damos conta de conseguir as duas coisas...

Fiquei desesperado e, não sei de que forma consegui, mas o certo é que um deles me viu materializado diante de si. Minha fisionomia devia ser assustadora, pois refletia meu estado de ira.

- O curupira! – gritou, recolhendo o saco que carregava e saindo em disparada.

O outro homem, apavorado, também fugiu, mesmo sem ter visto coisa alguma.

- Obrigada, senhor! – agradeceu Nádia, entre lágrimas, enquanto enterrava os ovinhos.

- Não precisa agradecer. Estou aqui para protegê-la e farei o que for possível, mesmo que para isso tenha que ser confundido com esse personagem folclórico.

- Agora meus filhotinhos finalmente conseguirão nascer... – suspirou Nádia, enquanto caminhava lentamente para um mergulho no rio.

Foram sessenta dias de espera, até finalmente nascerem os filhotes. Nesse período, os homens que recolhiam os ovos chegaram a passar pelo local, mas não encontraram mais os ovos, que ficaram escondidos sob a areia e camuflados com a ajuda do vento e das chuvas.

Nádia estava radiante ao ver seus bebês saírem em disparada para o rio. Era algo tão instintivo, que nenhum deles hesitou por um instante sequer, em meio à confusão de imagens que o mundo fora dos ovos lhes proporcionava.

- Mais uma vez obrigada, senhor! – Nádia agradeceu, reverenciando-me. – Não fosse sua ajuda, e eu não estaria hoje em companhia de meus filhotes...

- Não precisa agradecer, Nádia. Tampouco me tratar por senhor. Sou apenas um amigo. Minha missão aqui é protegê-los. Infelizmente, nem tudo consigo evitar, mas saiba que farei o possível para afastar os homens de vocês.

Os dias se passaram e as tartaruguinhas se desenvolviam felizes, enquanto Nádia voltou à sua lenta rotina diária. Numa tarde ensolarada, eu estava sentado no galho de uma árvore, observando imagens que as nuvens que formavam no céu, um hábito que trouxera de minha vida quando encarnado, quando vi ao longe um barco que se aproximava com um grupo de homens capturando tartarugas adultas e filhotes no rio. Todos eram jogados para dentro do barco, sem o menor cuidado.

Dirigi-me rapidamente até eles e procurei assombrá-los com gritos e assobios, mas não houve nenhuma reação. Nenhum percebeu minha presença. Então balancei violentamente o barco, mas não o bastante para lançar as tartarugas de volta ao rio. Ao olhar para o fundo da embarcação, vi os olhinhos desesperados das pobres tartaruguinhas, como a implorar pelo meu auxílio.

Nádia estava recolhida em seu casco, chorando um pranto silencioso. O coraçãozinho em disparada demonstrava a certeza de que estava próxima de seu fim.

Pude ouvir naqueles instantes, as animadas conversas sobre o preço da venda a uma indústria de cosméticos e utilização da carne para consumo nos restaurantes da cidade.

Num gesto de desespero, caí-me de joelhos e, unindo as mãos, supliquei aos céus:

- Meu Deus, permita que meus irmãos venham em meu auxílio para evitar que se consume essa desgraça aos pobrezinhos indefesos que se encontram nesse barco.

Para mim, era evidente que a assistência superior não tardaria. O que presenciei, entretanto, foi exatamente o contrário. Uma grande sombra escura formou-se em volta do barco e, em meio àquela pesada carga nebulosa, uma legião de espíritos das trevas lançou-me para fora. Eu estava completamente sozinho, sem compreender o porquê do completo abandono daqueles pobres indefesos.

Tentei reagir, enquanto ouvia a voz fina de Nádia e das dezenas de tartarugas, implorando meu socorro:

- Ajude-nos, amigo! Não deixe que nos levem para a morte... Tenha misericórdia de nossas vidas!

- Estou tentando... Não consigo... – eu dizia, procurando desvencilhar-me das entidades sombrias que me dominavam.

A força deles, no entanto, era de longe superior à minha. Senti-me tão frágil quanto as pobres tartarugas. Enquanto eu era lançado ao rio e preso na negritude da nuvem escura, o barco se distanciava no horizonte, com as pobres tartaruguinhas aflitas, cujos destinos poderiam ser os mais variados, desde a venda em lojas de animais exóticos, até a morte cruel e dolorosa para serem servidas nas bandejas bem decoradas dos restaurantes da região. Tudo isso era contabilizado como a sorte do dia para aqueles pescadores de tartarugas, que navegavam felizes, alheios à presença participativa dos espíritos malignos, numa aventura em que a ganância e a indiferença rechaçavam qualquer possibilidade sentimento de compaixão por aquelas pobres tartaruguinhas.

- Adeus, Nádia! Adeus, irmãzinhas... – eu gritava entre lágrimas, sufocado pelas gargalhadas dos habitantes das trevas, que acabaram largando-me enfraquecido às margens do rio, para novamente se juntarem aos pescadores que, inconscientemente, permitiam que suas condutas os deixassem sujeitos à vampirização dessas entidades.

Impotente diante do trágico destino daquelas pobres criaturas, pus-me a me perguntar a razão de meus irmãos do plano superior não terem vindo em meu auxílio.

Ainda podia ouvir, no cerne de minha consciência, os gemidos de dor e desespero de Nádia, com as vibrações que seu medo emitia, esperando pela morte, enquanto presenciava a agonia das companheiras que eram abatidas antes.

Ajoelhei-me numa clareira no centro da floresta e dirigi meus olhos ao firmamento, suplicando para que Deus me permitisse no mínimo entender tudo aquilo que acabara de acontecer:

- Senhor, dá-me compreensão para discernir o porquê de tanto sofrimento a que são expostos esses animaizinhos indefesos, cujas energias interiores são despidas da mancha das faltas sujeitas à expiação. Por que não tive forças para enfrentar aqueles espíritos maléficos, fracassando em minha missão de proteger os seres que habitam a floresta?

Ali permaneci por longo período em oração, até que uma grande luz surgiu diante de mim e, juntamente com ela, vieram três irmãos do plano superior, que me envolveram numa atmosfera de harmonia. Um deles, o mais alto, tinha pele clara e trazia consigo um pequeno objeto luminoso, colocado à palma da mão, enquanto me dizia:

- Caro irmão Salemo, os animais deste planeta, sejam os selvagens ou domésticos, estão aqui para ensinar aos homens lições de bondade, amor e misericórdia. A cada crueldade que o ser humano comete contra eles, demonstra sua total incapacidade de desvendar os mais singelos desafios que Deus colocou à sua volta. Portanto, não tenha a pretensão de entender os desígnios divinos...

O círculo luminoso que ele trazia consigo envolveu meu espírito em uma atmosfera de paz e uma sensação de amor dispersou todo sentimento de mágoa que aqueles acontecimentos me acometeram. Já com o coração aliviado daquela dor profunda, insisti:

- Apenas peço-lhes humildemente que me permitam compreender a razão deste sacrifício imposto aos pobres animaizinhos, diante dos meus olhos, sem que nenhuma ajuda eu pudesse oferecer-lhes, dominado que estava pela ação dos espíritos malfeitores, que auxiliaram os homens na execução de seus interesses, enquanto nenhum apoio me foi prestado, a despeito de minhas calorosas preces invocando-o.

Desta vez, foi o irmão de aparência mais jovial que, com um sorriso nos lábios, explicou-me amorosamente:

- Irmão Salemo, não haverá luta travada entre o bem e o mal para impedir as ações do ser humano neste planeta. O homem tem plena liberdade para utilizar-se dos recursos que a terra lhe oferece, da forma como lhe convier. Todavia, o faz consciente da destruição que gera o completo desequilíbrio na Natureza e, juntamente com os animais que foram postos sob sua custódia, está sofrendo com as catástrofes oriundas das ações intentadas por ele próprio. Cabe a você, o protetor dessas matas, defender os animais, as plantas e os recursos naturais, afastando invasores e socorrendo-os nos acidentes. Porém, homens que se aproximam aos bandos são acompanhados de grande número de entidades maléficas, que se aproveitam da ganância e da frieza de caráter dessas pessoas, para incentivarem ações que não trarão outras, senão consequências penosas a elas próprias.

O terceiro irmão aproximou-se de mim e, tocando em meu ombro, acrescentou:

- Preste atenção, irmão. As tartarugas são levadas às centenas para o abate. Isso é triste e nos cobre de pesar. Entretanto, assim acontece a cada segundo no planeta com outras espécies de répteis, mamíferos, aves, peixes, enfim, a ação do homem está presente em todos os lugares para tirar a vida dos pequenos e grandes irmãos, em nome do alimento. Deus espalhou pela Terra todas as possibilidades de alimentos que possam agradar aos mais variados tipos de paladares. Ao contrário dos animais selvagens, o homem não depende da carne animal para sobreviver. Por isso foi dotado de inteligência e discernimento, para proteger e cuidar dos outros seres. Entretanto, desvirtuando sua própria natureza evolutiva, continuou a inserir animais em sua alimentação, causando a extinção de várias espécies. Prepare-se para uma destruição ainda maior, que exterminará milhares destes seres da face da Terra, em nome do progresso da civilização humana.

- Haverá futuro a essas pobres tartarugas?

- A energia expelida quando da morte delas se unirá à Energia Maior do Universo. A consciência destes pequenos seres não sobrevive à morte, daí a razão do dever de permitir-lhes o homem que vivam todo o ciclo de vida material a que foram destinados. Esse desrespeito pelo ciclo de vida dos outros seres trará consequências muito drásticas para a humanidade, e em breve elas serão duramente sentidas, de uma forma como jamais o homem imaginou.

- Esse é o destino de todos os animais? – perguntei. – Não sobrevivem à morte?

O irmão mais alto explicou-me, então, com brandura:

- Os mamíferos são dotados de espírito, irmão Salemo. Somente estes seres podem retornar em outro corpo. Os demais se dispersam em energia, quando o corpo entra em falência. Portanto, são duas as razões para que os homens não destruam os animais: quanto aos primeiros, porque estarão aniquilando seus próprios semelhantes, dotados de corpo e espírito tais quais os seres humanos. Quanto aos demais, estão a exterminar vidas cuja consciência é limitada ao plano terrestre, tirando-lhes a oportunidade única que lhes foi concedida pela natureza. Reitero, ademais, que a maldade humana não será paralisada pelos entes do mundo espiritual; os homens continuarão sofrendo as graves e crescentes consequências de suas ações, até que finalmente a Consciência Universal do Bem e do respeito pelos seres da Criação Divina tome conta deste planeta e então possam os humanos desfrutar de uma felicidade jamais imaginada.

- Mas e os frágeis animaizinhos, que sofrem indefesos?

- Serão amparados.

- De que forma, se estão sendo levados às centenas para o abate?

- Não questione a intervenção divina, irmão Salemo. Apenas cumpra sua missão.

Embora irresignado, cedi a esta última explicação e caminhei lentamente pela trilha que me conduzira até aquela clareira, enquanto meus irmãos se uniam e retornavam na luz que os trouxera.

CAPÍTULO II

A onça

Após a morte de Nádia, aprendi que não deveria esperar da Providência Divina que sejam retirados do alcance dos homens os meios de praticar o bem ou o mal. Todas as coisas do Universo foram postas aqui para servirem de instrumentos à evolução espiritual daqueles que encarnam neste planeta. Entretanto, os seres humanos têm usado todas as oportunidades para seu progresso de forma contrária àquela que deveria ser a prática do amor e da compaixão. Os maus tratos aos animais, a utilização indiscriminada como alimento, a escravização, a retirada injusta dos animais selvagens de seu habitat natural, enfim, tudo o que o homem faz contra os seres de outras espécies, está a contribuir para a permanência da raça humana no grau de infelicidade e degradação moral em que se encontra.

Os animais permanecerão habitando este planeta e caberá ao homem, destinado desde os primórdios a ser o senhor e protetor deles, desvirtuar-se da missão que lhe foi confiada, destruindo sem piedade com a vida destes seres indefesos, ou caminhar rumo à prática do amor universal, criando assim a atmosfera evolutiva que cobrirá o planeta de glória e felicidade.

Com esse aprendizado, ajudei muitas vidas que me foram confiadas, livrando-as de armadilhas, espantando caçadores, ajudando filhotes perdidos a reencontrarem as mães...

Um dia conheci uma linda onça pintada, que chamei de Lana. Nosso primeiro encontro foi engraçado. Ela estava prenha e faminta. Logo ao anoitecer, cruzamo-nos no meio da floresta e ela me confundiu com um homem de carne e osso. Soltando um profundo rugido, atirou-se vorazmente sobre mim e, para enganá-la, subi rapidamente no galho de uma árvore. Com uma agilidade incrível, ela pulou até o galho e então me atirei ao chão. Quando achou que conseguiria me capturar, Lana se deu conta de que eu não possuía um corpo material.

Inconformada, questionou-me em pensamento, enquanto rugia novamente:

- Como você conseguiu me enganar desse jeito? Senti até o cheiro humano em você...

Dei uma gargalhada e expliquei a ela que nós, espíritos, podemos assumir a forma que quisermos e exalar odores, como perfumes ou mesmo o cheiro do suor humano.

Sem dar-me muita atenção, Lana me deixou e saiu em busca de uma forma real para saciar sua fome.

Resolvi aguardá-la, pois sabia que em breve ela precisaria de minha proteção e por certo eu teria que primeiramente conquistar sua confiança.

Cerca de vinte minutos depois, uma capivara apareceu por entre alguns arbustos e aproximou-se de mim, permitindo que eu acariciasse seus pelos.

Ao questioná-la sobre o que procurava ali, ela me respondeu:

- Tenho uma ninhada de filhotes famintos, e estou à procura de comida para nós.

- Pois saiba que aqui vive uma onça – adverti. – Melhor que você procure seu alimento para o lado oeste – sugeri, apontando para a direção do rio.

- Obrigada, senhor – agradeceu-me a capivara. – Não sei o que seria dos meus bebês se eu não retornasse mais.

- Agora vá, amiga...

- Adeus, bom espírito.

"Engraçado", pensei, *"a onça me confundiu com um homem,*

mas a capivara logo identificou-me como espírito".

Enquanto humano, sempre acreditei que a capacidade de percepção e a sensibilidade dos animais estariam relacionadas ao tamanho e à constituição física. Isso significaria que, quanto menor o ser vivo, menor sua sensibilidade. Sendo assim, os cães sofreriam menos que os elefantes, as aves menos que os cães, o hamster menos que os pássaros e assim por diante, até chegarmos aos insetos, absolutamente insensíveis.

Essa a razão de não hesitarmos em pisar em uma barata, ou de passarmos com a roda da bicicleta sobre uma fileira de formigas. Tampouco nos comovemos quando nosso gato captura um rato ou uma lagartixa.

Quando criança no mundo físico, e usando este raciocínio, eu imaginava que poderiam existir no universo seres gigantescos, que se passassem por nosso planeta, pisoteariam em nós, esmagando-nos sob os pés, sem se preocuparem com nossa condição humana. E antes que questionássemos *"não vê que somos seres inteligentes, organizados em sociedade e capazes de construir prédios e estradas?",* nós mesmos olharíamos para o chão e nos lembraríamos das organizações sociais e das construções arquitetônicas que existem no interior dos formigueiros.

Essa singela comparação é apenas para conduzir nosso questionamento sobre até onde a sensibilidade ou a própria percepção do eu como um ser individual está relacionada ao tamanho ou à constituição física do indivíduo.

Os fetos não sentem menos dor que nós quando são feridos no interior do útero materno. Tampouco os paquidermes são mais sensíveis que os humanos.

O raciocínio lógico, é claro, é atributo exclusivo dos seres humanos. Porém, todos os seres, de qualquer escala evolutiva, possuem alguma forma de percepção e sensibilidade, sejam estas ligadas unicamente ao instinto ou limitadas pela singularidade de sua constituição física ou pela ausência de terminações nervosas.

"A contrário sensu", questionei-me acerca das vezes em que me deparo com um inseto em apuros. Invariavelmente, eu me curvo, retiro-o da situação de risco e o coloco na posição correta, isso quando não o conduzo a um local seguro. Esse mesmo procedimento eu tinha enquanto espírito encarnado. Porém, não me preocupava com os milhares de animais que sofrem para que tenhamos nosso alimento à mesa, desde a carne, os molhos, a sobremesa... Não questionava acerca dos métodos experimentais dos produtos cosméticos de que me utilizava, e que foram desenvolvidos à custa da agonia de cobaias. Tampouco sobre o couro do meu sapato, a origem do casaco, do cinto, da belíssima carteira...

Os seres humanos só sentem verdadeiramente aquilo que lhes penetra na alma pelos olhos... O que não é assistido, mesmo que seja narrado, não sensibiliza de igual modo quanto as cenas reais.

Qualquer morte é criminosa, do ponto de vista das leis naturais, se não tiver uma causa justa e se não forem buscadas as alternativas para que se faça da forma mais indolor possível.

As pragas urbanas devem, por óbvio, ser controladas. Porém, a morte de um rato, ou de centenas deles para evitar a transmissão de doenças à população, não é abjeta como seria a conduta de um garoto que caça um camundongo e o tortura até a morte, por mera diversão. Do mesmo modo, cortar uma árvore que está pondo em risco a rede elétrica não é o mesmo que arrancá-la do chão para comercializá-la viva, sujeitando-a a vários dias de transporte e exposição ao sol, para fins exclusivos de lucro financeiro.

Até a morte de um ser humano é justa, se em legítima defesa. Assim o é com todos os seres que habitam o planeta, sejam eles pertencentes à escala vegetal ou animal.

Por isso, se a onça chegasse a capturar a capivara, deixando à míngua os órfãos que dela dependiam para sobreviverem, seria ainda assim uma morte justa, pois dela dependia a onça para se alimentar.

O mesmo não se pode dizer dos humanos que devoram as outras espécies, após sujeitá-las a processos degradantes durante o abate. A compreensão dessa diferença é crucial para o resgate da higidez da alma humana, que no decorrer dos séculos vem sendo cada vez mais degradada pelos hábitos de consumo que movimentam o comércio e abastecem a chama da ganância nas máquinas de tortura dos meios produtivos.

Enquanto eu me perdia nessas reflexões, o sol nasceu no horizonte e a onça retornou saciada.

Aos poucos, eu e Lana fomos nos tornando amigos. Pelo tamanho de seu ventre, os filhotes já estavam às vésperas de nascer. Seus pelos eram de um brilho inigualável, especialmente quando ela ficava sob o sol, deixando que seus raios reluzissem na pelagem dourada.

Apesar de ter aprendido que eu era apenas um espírito, Lana às vezes se mostrava um tanto temperamental. Brincávamos de segurar a pata na minha mão, ela puxando e eu pegando, mas vez ou outra ela rugia impaciente. Então eu respeitava seu limite e acariciava suas costas robustas.

Lana adorava nadar. Diariamente, entrava no rio, onde saciava a fome com os peixes, enquanto se refrescava do calor. Sentado à sua margem, eu observava com admiração a desenvoltura daquele animal tão veloz e majestoso.

Ela também gostava de deitar-se com a barriga para cima, roçando-se no mato enquanto rugia de prazer. Aquele gigantesco animal, visto com a proximidade de um espírito que não corre qualquer risco de virar sua presa, tinha a doçura de um gatinho.

Um dia, porém, o futuro de Lana e dos bebês que já estavam próximos de compartilhar da prazerosa rotina naquela mata tranquila, se desfez diante da ambição humana, capaz de transformar em poucos minutos a beleza da vida em um troféu coberto de sangue.

Lana cochilava tranquilamente sob o sol, quando latidos vindos da mata a fizeram despertar e, assustada, correr em direção à árvore mais próxima. O resultado daquela cena infelizmente eu já sabia antes mesmo da aproximação de dois caçadores e, em alguns minutos, o som de um único e certeiro tiro pôs fim a cinco vidas.

A pobre felina foi abatida antes mesmo que tivesse tempo de alcançar a árvore. Indiferentes ao fato de terem atirado em uma fêmea prenha, os apressados caçadores apenas se preocuparam em retirar-lhe a pele, abandonando aos urubus o corpo ensanguentado, enquanto minha pobre amiga, já em espírito, lambia entristecida quatro pequenas luzes que, após alguns momentos, a acompanharam em fila rumo ao mundo invisível onde encontrariam a recuperação para aquele trauma inesperado.

Lana não se despediu de mim. Senti a tristeza em seu caminhar lento e cabisbaixo, decepcionada ante a impossibilidade de trazer ao mundo físico seus filhotes e inconformada por não entender a razão daquela atrocidade.

Para ela, eu represento a espécie animal que mata sem motivos. Afinal, os animais não conhecem o dinheiro e qualquer razão ligada a ele é absolutamente incompreensível.

Naquele momento, eu me questionei sobre nossa capacidade de amar. Será o amor um sentimento direcionado e restrito, intimamente ligado a interesses que possam resultar de sua manifestação mais sublime? Afinal de contas, se o amor de um homem se estende à esposa, aos filhos e a pessoas específicas, poderemos dizer que se trata de um sentimento canalizado e condicionado a circunstâncias de vínculos parentais e sociais. Sendo o amor um sentimento infinito e incondicionado, não deveria ser irrestrito e se estender a todos os seres que compartilham do solo terrestre? Não deveria ser algo como "eu amo" e, sendo assim, eu amo se estenderia à minha esposa, meus filhos, meus amigos, meus inimigos, as árvores, o solo, os animais, o ar que respiro, a gota que cai, o sol que me aquece? Não deveria haver no coração do homem apenas o amor? Mas não, o sentimento mais nobre do universo não se resume em "eu amo"; é muito, infinitamente muito menos que isso. Ao contrário, é "eu amo minha esposa, que também me ama" ou "eu amo o amigo em quem eu confio" ou, pior, "eu amo o dinheiro", "eu amo os prazeres" ... Resumindo, eu amo aquilo que me traz benefícios. Podemos chamar esse sentimento restrito e canalizado de amor? É esse o sentimento mais nobre que somos capazes de sentir? Por que não somos capazes de amar indistintamente todos os nossos irmãos planetários, e não apenas os seres da mesma espécie que nos proporcionam algum benefício (já que nem mesmo somos capazes de amar nossos inimigos...)?

Aquilo que as pessoas chamam de amor, na grande maioria dos casos não é amor. É energia positiva derivada de contraprestação. É sentimento bom. Apenas isso, mas ainda não atingimos o grau de evolução suficiente para, enquanto nos prendermos à limitação da matéria, sermos capazes de sentir o amor em sua plenitude. O amor incondicional, ilimitado e sem qualquer forma de canalização. Esse amor nos tornaria incapazes de machucar qualquer outra vida, muito menos de matar por ambição, de torturar por prazer, de perseguir por esporte... Ou de simplesmente por transformar em alimento vidas inocentes.

O amor não é uma moeda de troca. Deveria, ao contrário, ser como o ar que respiramos, presente em todos os lugares independentemente das inconsequentes ações humanas que poluem e degradam o meio ambiente. Deveria ser indistinto, e não focado apenas em seres da mesma espécie que nos oferecem contrapartida inteligente. E, mais que isso, deveria ser nobre, sublime e divino, e não egoísta ou profano.

Um amor assim nos impediria de reduzir covardemente o ciclo de vida das outras espécies. E permitiria que vidas que estão para se materializar, não tivessem que retornar ao plano espiritual antes mesmo de poderem sentir o aroma da mata e o calor do sol, como aquelas quatro criaturinhas que seguiam o espírito de Lana, sem terem tido a oportunidade de rolar pelos campos, de brincar ao sol, de aprender a nadar e subir em árvores, para que dois seres humanos chegassem à noite em casa exibindo aos filhos a façanha de uma caçada que resultou no extermínio de cinco vidas inocentes.

CAPÍTULO III

O jovem filho do faraó

Nós, os espíritos, podemos nos lembrar de nossas experiências nas encarnações passadas com minúcias de detalhes. É como se uma pessoa estivesse a relembrar fatos importantes que aconteceram em data recente na sua vida de encarnado.

Isso acontece porque não possuímos as limitações que ao cérebro humano faz com que se esqueça de acontecimentos muito distantes, ou dos detalhes dele.

Por isso o espírito possui plena consciência das faltas cometidas e de toda a sucessão de ações voluntárias que ocasionaram os efeitos que na última encarnação muitas vezes encarou como injustiça social ou pouca sorte.

Muitos fomos reis e hoje somos pessoas de parcas condições econômicas. Vários de nós já fomos mendigos e hoje gozamos de prosperidade financeira.

Causa e efeito é uma lei natural. Evidentemente que, no decorrer dos séculos, ao se alimentar do sofrimento das outras espécies de animais, o ser humano contraiu para si uma infinidade de dívidas, que se convertem em doenças físicas, opressões e sofrimentos diversos.

Não existe um Deus injusto e a natureza, por si só, funciona em perfeita harmonia. Toda a boa energia lançada ao Universo soma-se ao patrimônio espiritual do indivíduo. Todo o sofrimento gerado aos outros, retornará ao causador como consequência natural de suas escolhas. Plantar e colher. É essa a regra. Não se colhem bons frutos de um solo maltratado, onde foram lançadas sementes ruins.

Por isso, é importante que as pessoas estejam sempre conscientes de cada gesto, de cada palavra, de cada ação. Pois tudo o que lhe vier, será resultado de sua escolha individual.

Colher bons frutos e esbanjar prosperidade e saúde, portanto, são os efeitos de uma existência norteada por amor ao próximo.

Como já mencionei anteriormente, os seres deste plano costumam associar a intensidade da dor ou sofrimento com a capacidade de expressão daquele que sofre. Disso se conclui que os seres que não podem se comunicar pela linguagem, ou que sequer podem produzir sons de dor, não a sentiriam como nós.

Em uma de minhas existências pregressas fui um jovem príncipe, filho de um faraó. Naqueles tempos, acreditava-se que os mortos renasceriam um dia, e desde cedo éramos preparados para a grande passagem ao mundo dos mortos, de onde retornaríamos no futuro, retomando nossos postos de autoridades soberanas.

Tais quais os adultos, as crianças das famílias reais eram obrigadas desde cedo a utilizarem adornos no pescoço e desconfortáveis cinturões. Isso incomodava demais e até atrapalhava nossas brincadeiras, além do desconforto intensificado pelo calor e poeira desérticos.

Eu tinha apenas oito anos de idade e já havia assumido responsabilidades preparatórias para meu governo dinástico. Os escravos me reverenciavam e as mulheres olhavam-me de uma forma estranha; eu não podia compreender o que se passava por detrás daqueles olhares de canto, acompanhados de um sorriso malicioso às vezes enquanto me banhavam. E nem queria saber.

Eu adorava brincar com os gatos e cães que passeavam pelo palácio. Era especialmente apaixonado por cabras e cheguei a ter meu próprio macaco de estimação. Porém, o que mais me fascinava eram meus pequenos e secretos amigos, que me atraíam para um mundo maravilhoso de singelos mistérios, que nem mesmo o grande faraó meu pai poderia conceber: os insetos.

Um desses companheiros misteriosos era o escorpião que se escondia em uma fenda que havia por detrás de alguns cestos. Eu o descobri casualmente quando tinha apenas seis anos de idade, enquanto brincava com minhas bolinhas de gude. Quando estiquei a mão para pegar a bolinha atrás do cesto, deparei-me com aquela figura negra e assustadora. Naquele momento, nossos olhos se cruzaram com um pavor recíproco. Eu de ser picado e morto. Ele, de ser esmagado por mim ou por qualquer de meus escravos.

Talvez por respeito ao fato de vê-lo como um representante da deusa Serket, não o matei nem ordenei que meus servos o fizessem. Porém, algo falou mais alto que a simples associação à divindade. Senti que ele se assustou ao ver-me, escondendo-se com a costumeira agilidade dos escorpiões. Isso me fez refletir, naquela pequena fração de tempo, sobre as sensações que nós mesmos, humanos, experimentamos quando somos expostos a algum tipo de risco.

O certo é que o homem é a única espécie capaz de matar por mera crueldade. Os demais seres atacam apenas para se defender, ou para defender sua prole, ou para se alimentar, ou quando o instinto os faz perceber o perigo iminente. Ou seja, qualquer outra espécie que habita o planeta mata somente em uma circunstância: a sobrevivência.

Naqueles tempos, as divindades – que hoje identificamos como sendo os espíritos de classes evolutivas mais elevadas – comunicavam-se conosco com certa frequência. Em especial, quando nos víamos em alguma situação de risco, eles vinham em nosso auxílio e deles recebíamos instruções.

Enquanto eu observava impassível o escorpião, alheio ao sol ardente que me queimava as costas, uma onda de fumaça me envolveu e uma fantástica aparição espectral com aparência de mulher me deu a seguinte instrução:

- Saúdo o bom e destemido príncipe! Quero lembrá-lo de que não deve praticar atos inadvertidos que venham a abreviar seu tempo de permanência neste plano físico. O veneno do escorpião é mortal.

Reverenciando minha divindade, ajoelhei-me a seus pés e determinei, com minha imatura autoridade:

- Quero-o como meu animal de estimação.

- É perigoso, bom príncipe – argumentou a divindade com brandura.

- Eu o desejo e o terei! – exclamei resoluto. – Ele será meu mais fiel protetor.

- Não farei intervenção na pueril atitude que sua obstinação o induz a praticar, jovem príncipe. Porém, devo lembrar-lhe de que há importantes missões que lhe competem na construção da história do Egito e de que não deve furtar-se a elas, abreviando sua existência com um mero capricho. Mostrarei o que ocorrerá se insistir em levar consigo este escorpião.

Naquele momento, a divindade tocou o solo com a mão e, ao produzir um suave som com a voz, o escorpião aproximou-se e subiu em seu braço, descansando no ombro desnudo.

- Veja que é possível tocá-lo sem que ele reaja, jovem príncipe...

Eufórico, aproximei-me com a avidez típica das crianças e, diante de meu movimento brusco, o escorpião picou a divindade e lançou-se ao chão, desaparecendo em uma pequena fenda que havia na parede.

- Eis o segredo, jovem príncipe – falou a divindade. - O escorpião não iria atacar-me, pois não sentia qualquer ameaça diante da minha pessoa. A sós, eu poderia passear com ele sobre o ombro pela eternidade, sem qualquer risco de ataque. Porém, seu movimento impetuoso causou a picada defensiva, que felizmente não me atingiu, dada a minha condição sobrenatural. Porém, estivesse esta criatura sobre sua pele e qualquer circunstância externa, independentemente de sua vontade, faria com que ela injetasse o veneno letal em suas entranhas.

- Quer dizer então que os insetos também se assustam, como nós? – questionei curioso.

- Não é bem um susto, meu jovem – explicou a divindade – mas sim uma reação instintiva e imediata, em defesa da própria sobrevivência.

- Então o escorpião acha que a vida dele vale mais que a de um príncipe? – perguntei, fitando a divindade com um olhar ingênuo.
- O escorpião não pensa, boa criança – ela me respondeu – ele reage. Não existe sobre a face da terra uma única criatura cuja vida tenha maior valor que a da outra. O que se vê são os mais fortes se sobrepondo sobre os mais frágeis. A razão humana não lhe confere o direito de sobrepujar outras espécies, apenas por sentir-se superior. Toda vida que aqui respira foi criada por Amon. Todos os seres têm o mesmo direito de viver. Por isso, mesmo um pequeníssimo escorpião é capaz de matar o mais valente dos homens, para lembrar a humanidade de que até mesmo os insetos têm o direito de viver pelo tempo que foi determinado na criação. Uma vez ameaçado, o frágil escorpião pode impor ao homem seu direito de cumprir o ciclo de existência determinado por Amon.
- Mas então por que as formigas e os gafanhotos não têm veneno para matar um homem que tente esmagá-los? – questionei, tentando acompanhar o raciocínio, enquanto olhava pela fenda, na esperança de avistar algum movimento do escorpião.
- Muito me apraz seu interesse, jovem príncipe – falou a divindade, empurrando suavemente meu ombro. – Afaste-se daí – ordenou – se não deseja ser picado no olho.

Estremeci e, com um sobressalto, sentei-me comportadamente sobre a tampa de um cesto, cessando ali minha aventura perigosa em desafiar a sorte, diante do escorpião.

Então a divindade continuou:
- A evolução humana é circunstância que guarda vínculo direto com sua generosidade para com o próximo. Há espécies capazes de se defenderem e outras absolutamente vulneráveis a um simples gesto do homem. Todos aqueles que aqui habitam vieram com a missão de contribuir para o crescimento espiritual do homem e também para promover o equilíbrio do ecossistema. Uma formiga é de fato indefesa e, com um simples toque, o homem é capaz de exterminar dezenas delas. Este mesmo indivíduo, no entanto, quando fenecer, será entregue à ação de todos os pequenos seres que em vida desprezou, os quais se alimentarão de seu corpo, sem que ele nada possa fazer para evitar. Tal destino deveria servir de

exemplo aos seres humanos, para que percebessem que a aparente superioridade do homem um dia irá sucumbir, quando seus restos mortais forem entregues aos seres outrora pisoteados.

- Eu não serei devorado por vermes... – observei com sarcasmo.

- Não, jovem príncipe, seu corpo não será decomposto, pela inútil crença de uma ressurreição futura. Acha isso bom?

- Sem dúvidas! – exclamei.

- E se a criança visse agora, diante de si, uma múmia lhe sorrindo e estendendo a mão? – perguntou a divindade, com um sorriso mordaz.

- Acho que eu morreria de susto – respondi, sentindo meu rosto empalidecer.

- E o jovem príncipe deseja ser essa múmia aterrorizante no futuro?

- Não! – exclamei, com as mãos no rosto. – Não quero!

- Pois, então, não se gabe por saber que seu corpo não apodrecerá sendo devorado por vermes. E saiba que, um dia, nem mesmos os reis desejarão ter seus corpos mumificados. O espírito sobrevive à morte do corpo e até mesmo o mais humilde dos escravos, cujos restos mortais são enterrados na areia do deserto, terá a vida eterna, compartilhada com os faraós e seus familiares, pois no plano espiritual não existe hierarquia social. Todos são iguais perante o Criador.

- Então não iremos ressuscitar no futuro? – perguntei, intrigado.

- Não haverá ressurreição – afirmou a divindade - simplesmente porque o homem não morre. Apenas abandona as vestes físicas quando estas se tornam imprestáveis à sobrevivência, para no futuro e segundo a vontade de Amon, retornar, em um novo corpo.

Assenti, muito embora a informação fosse contrária ao que haviam me ensinado.

Quanto ao escorpião, acabei por ser convencido de que não poderia tê-lo como amigo.

Então a divindade tocou meu ombro e desapareceu, enquanto eu corria para dentro do palácio, à procura do meu cão, em cuja presença sentia-me seguro.

Cresci naquela existência física, desviando-me das formigas

e abaixando-me com frequência para ajudar algum inseto que estivesse em apuros, com as pernas viradas para cima.

A conversa com a divindade me foi apagada da memória. Por isso, não cogitei de ressuscitar um dia como múmia, e quando meu tempo de vida chegou a termo, meu corpo foi embalsamado e depositado na tumba, onde se encontra até hoje, já desgastado pelo tempo, enquanto por diversas vezes nasci em outras vestes, sem que o empenho em preservar aqueles restos mortais pudesse me trazer qualquer benefício, senão o da consciência de que o corpo físico e todas as riquezas adquiridas neste plano são tão passageiros quanto a singela vida de um escorpião. Apenas muda a nossa percepção do tempo e o que fazemos dele para contribuir com nossa própria evolução enquanto seres humanos.

CAPÍTULO IV

A destruição da floresta

Depois da morte de Lana, permaneci no plano espiritual até que ela e os bebês pudessem se recuperar do trauma violento que lhes foi impingido pela crueldade humana e então retornassem ao plano físico, desta vez na condição de gatos domésticos na área urbana.

Na primavera seguinte, eu acompanhava a felicidade da ave Jussara com seus cinco ovinhos de papagaios depositados no ninho feito na cavidade de uma árvore, esperando alegremente o nascimento de seus filhotes.

Eu a ensinei a falar "bom dia" todas as manhãs e "obrigada" quando uma suculenta goiaba ou um mamão bem vermelho apareciam próximos do ninho, geralmente levados por mim.

Quando os lindos filhotinhos nasceram, a alegria foi geral. Não apenas Jussara, mas as outras fêmeas da mesma espécie comemoraram felizes, diante dos lindos bebês, que logo já aprenderiam a deixar o ninho.

Eles ainda estavam bem pequenos, com cerca de quinze dias de vida, quando ouvi ruídos na mata e logo percebi que eram dois garotos, carregando uma caixa.

Pude ouvir os sons vindos de dentro do recipiente e logo percebi que eram traficantes de papagaios.

Jussara desesperou-se sem saber o que faria para defender

seus filhotes.

Porém, antes que os garotos pudessem pôr as mãos no ninho, soltei um assovio estridente e provoquei uma corrente de vento sobre suas cabeças, a ponto de esvoaçar-lhes os cabelos.

Eles soltaram a caixa no chão e saíram gritando. Ao longe, pude ouvi-los comentar aterrorizados que era o curupira. Ainda fiz questão de acompanhá-los e soltar outro assovio agudo, para assegurar-me de que fugiriam definitivamente dali.

Um deles tropeçou e caiu na margem do rio, levantando-se em seguida às pressas e, sem olhar para trás, correu para tentar alcançar o amigo, que corria e chorava, gritando "curupira, curupira!", diante da assombrosa gargalhada que fiz ecoar no local.

Quando me certifiquei de que eles não voltariam mais, retornei para perto de Jussara, que estava segura com seus bebês no ninho.

Então abri a caixa largada ao chão e surpreendi-me com aproximadamente cem filhotes de papagaios, dos quais cerca de vinte por cento já estavam mortos e os sobreviventes encontravam-se assustados e famintos.

Desolado, separei os mortos dos vivos e coloquei algumas frutas dentro da caixa, enquanto enterrava os que sucumbiram, para depois preparar alguns ninhos em várias cavidades de árvores, por onde distribuí os filhotes e convoquei as fêmeas da espécie para que me auxiliassem nos cuidados a eles, a fim de que superassem o desgaste que o molestamento humano lhes ocasionou. Muitas mães reencontraram os filhotes e, ao final, tivemos uma primavera colorida e eloquente naquela área das matas.

Um dia notei que, por alguma razão, toda a população que vivia na cidade próxima à floresta começou a se mudar do local.

Em pouco tempo, a cidade tornara-se inabitada.

Enquanto os moradores locais partiam, trabalhadores invadiam a floresta, causando pânico nos animais.

Logo se iniciou uma obra de desvio das águas do rio, afetando os peixes e aves que viviam ali. O pior, no entanto, ainda estava por vir. Enquanto eu ainda permanecia sem entender o que estava acontecendo, embora pudesse supor que não era coisa boa, trabalhadores e máquinas invadiram o local, cortando impiedosamente as árvores de centenas de quilômetros, enquanto os animais e aves corriam desesperadamente dali, aterrorizados com a perda de suas casas, com a poeira e com o barulho assustador das máquinas.

Não tardou para que a área fosse inundada, formando-se um gigantesco reservatório de água e se instalando uma usina hidrelétrica onde antes era um ambiente colorido e repleto de vidas inocentes e felizes.

Até mesmo os peixes que foram levados pela água, estavam assustados e feridos; grande parte deles pereceu.

As árvores que não foram cortadas sofreram apodrecimento de suas raízes e morreram.

Meu total apoio aos sobreviventes da fauna foi em vão. A floresta acabou. Perdi meus amigos. Famílias inteiras de onças, macacos, tatus, gambás e centenas de outras espécies foram dizimados. Alguns morreram instantaneamente, outros tiveram destino pior. Muitos foram capturados para o comércio, outros se perderam e foram atropelados, outros ainda viraram alimento à população local. Algumas onças que conseguiram escapar do afogamento foram mortas por caçadores.

A situação se tornou incontrolável, sem que eu nada pudesse fazer. Eram centenas de espíritos maléficos, auxiliando as outras centenas de almas encarnadas na destruição da fauna, satisfeitos por verem o atraso evolutivo a que os seres humanos se autocondenaram, diante das ações destrutivas em larga escala, que acabou por dizimar as outras espécies daquela região.

Desesperadamente, tentei salvar o maior número de vidas que pude, especialmente as dos menores e mais indefesos, colocando-os em galhos de árvores, mas meu grande esforço foi em vão. Era muita água, cujo nível parecia não parar de subir, até que todos fossem mortos.

Durante um longo tempo, eu podia ver uma enorme faixa de luz, que subia ao infinito, conduzindo os espíritos assustados daqueles seres inocentes até o mundo onde estariam absolutamente protegidos.

No portal, meus irmãos desencarnados recebiam alegremente aquele incontável número de animais, que logo foi recobrando as forças e alegrando a todos com suas travessuras.

Não existe conosco hostilidade de nenhum animal, por mais selvagem que possa ser no plano físico. Nossa capacidade de comunicação mental faz com que se sintam seguros ao nosso lado. Sendo assim, o que se viu, nos dias que se seguiram, foram serpentes e onças interagindo com pessoas; gambás brincando com crianças desencarnadas; pássaros pousando nos ombros dos passantes, enfim, todos convivendo na mais santa harmonia, tal qual o objetivo maior da Criação.

Apesar da contagiante alegria de todos, e mesmo com minha secular vivência como espírito protetor, ao longo da qual testemunhei muitas desgraças envolvendo a ação destruidora do homem sobre os animais, o certo é que, depois daquele extermínio, por longo tempo eu me tornei um espírito deprimido.

Necessitei de tratamento por um período. Sofri pelos animais banidos de seu habitat, mas sofri também pelo destino a que o consumismo e a ganância da sociedade humana lhe conduziriam, inclusive por não investir de modo responsável em novas formas de energia menos destrutivas ao meio ambiente, por razões puramente financeiras. Sem as energias mais modernas, como a eólica e a solar, o aumento do consumo acarretava na necessidade crescente de construção de novas hidrelétricas, gerando o efeito dominó do ponto de vista da destruição da fauna e do próprio atraso evolutivo da Humanidade.

Um dia, ainda no plano espiritual, eu estava à beira do lago, olhando o reflexo da luz do sol sobre suas águas límpidas, cujo calor alegrava os peixinhos coloridos que nadavam felizes de um lado para outro, quando senti a aproximação de minha amada Graciette, a jovem por quem eu me apaixonei em uma de minhas existências físicas, e que desencarnou antes que pudéssemos contrair o matrimônio. Tornamo-nos parceiros espirituais e por muitas vezes nos reencontramos no plano físico, sendo o amor uma constante em todos os vínculos que compartilhamos.

- Salemo, meu amor... – sussurrou em meus ouvidos, com a voz melodiosa.

- Olá, querida Graciette – respondi, ao cruzarmos nossos olhos, levantando-me para abraçá-la. – Desde ontem não a vejo...

- Estava organizando itens da biblioteca – explicou, com doçura. – Deparei-me com uma carta que você escreveu para mim, há muito tempo atrás, quando eu era a jovem filha de um alfaiate e você aquele garoto romântico e sonhador.

- Lembro-me disso, minha querida! –exclamei, sorrindo. – Faz tanto tempo, como pôde...

- Guardo nossos testemunhos de amor pela eternidade, Salemo – falou Graciette. – Posso ler para você? – perguntou, abrindo a folha de papel.

- Assim me deixará acanhado – eu disse, segurando sua mão.

- Não ficará não! – exclamou Graciette, saltitando para o lado, enquanto abria a folha e começava a ler as palavras que eu havia escrito para ela pouco depois de termos começado a namorar, numa existência havida em um passado remoto:

"Meu amor, hoje completa um mês em que um anjo apontou para nós e disse: 'finalmente, chegou o momento do verdadeiro reencontro'. O dia em que nos conhecemos foi, sem dúvida, um dos mais importantes da minha vida, pois marca o início de um ciclo novo, a fase em que minha alma abriu todas as portas para que a luz da sua alma penetrasse em mim e me fizesse uma pessoa completa. Ter você em minha vida é a razão maior para que todas as manhãs eu agradeça a Deus por mais um dia de felicidade. Antes de você, eu era apenas mais uma pessoa comum, numa multidão de almas encarnadas neste plano, que esperam nas noites de céu cinzento que o sol nasça pela manhã, para aquecer-lhes o espírito. Hoje eu sou a própria estrela, que brilha mais forte dentre milhares, pois minha alma não é mais apenas uma alma; é uma chama infinita, que aquece e ilumina a minha vida, por estar

*constantemente alimentada pela chama da sua alma.
Amo-te eternamente".*

Enquanto Graciette lia o bilhete, lembrei-me de que, naqueles tempos, eu já tinha a consciência da imortalidade e tentava imaginar como teria sido nosso primeiro encontro físico. Tentava me lembrar de como foi o primeiro olhar, o primeiro beijo, a primeira vez em que nos abraçamos debaixo das estrelas, a primeira noite em que nossos corpos se uniram numa explosão de amor...

Não pude, no entanto, trazer para a consciência a recordação de vidas pregressas... De quando nossas almas se prometeram uma à outra, num juramento de amor eterno.

Por conta disso, nosso olhar foi como o primeiro; o beijo, o abraço, a noite de amor, tudo aconteceu como na primeira vez...

Graciette interrompeu meus pensamentos, para mostrar-me o quanto era capaz de conhecê-los:

- A verdade, Salemo, é que nos encontramos novamente, muitas e muitas vezes, e agora temos a mais absoluta convicção de que permaneceremos juntos e esse amor sem dúvida não se extinguirá nas próximas vezes em que nossos corpos perecerem e retornarem ao pó da matéria. Reencontrar-nos-emos aqui novamente, já com a consciência de nosso vínculo eterno, e mais uma vez iremos nos preparar para a próxima partida e o próximo reencontro, na esperança de que um dia possamos alcançar a plenitude do amor eterno, sem essas idas e vindas que a evolução nos impõe...

- Aprendi com você, minha amada, que o amor só é amor quando nos faz sorrir com pequenas coisas que antes nos passavam despercebidas, e nos faz lembrar a cada dia que somos eternos, e o levaremos dentro de nós, como a mais bela conquista de nossa jornada neste plano. Quando nos faz acreditar em anjos, ao nos depararmos com alguém que, com um simples sorriso, é capaz de operar milagres em nossa vida, conduzindo-nos à certeza de que a felicidade sempre existiu dentro de nós e só dependia de um encontro para se transformar na luz que nos guiará juntos pela eternidade. O amor só é amor quando nos faz sentir uma única alma, que por uns tempos se dividiu em duas, para se unir novamente quando for chegada a hora em que os sonhos se fizerem flores...

- Eu o amarei pela eternidade – disse Graciette, abraçando-me fortemente.

- Também a amarei pela eternidade – respondi, beijando-lhe a fronte. – Desejo que se recupere logo, Salemo – ela comentou, em tom de preocupação. – Os animais precisam de você no plano físico.

- Eu sei, minha querida. Porém, meu coração lateja quando me lembro da tragédia que abreviou a vida de milhares naquelas matas...

- Muitos outros precisam de você, Salemo.

Graciette foi até o alpendre e, pegando um violão, voltou cantando com sua voz doce e angelical:

O tempo é como o trem ligeiro...
Transpõe célere os nossos corações
Convertendo as flores que os nossos caminhos enfeitam
Em lágrimas derramadas de cruéis decepções.

Como dói, após folhear incessante,
As páginas amareladas de um remoto passado
Ver que, na verdade, não há nada no mundo
Que, um dia, em saudade não se tenha transformado.

Nada é mais triste que uma alma sofredora
Peregrinando solitária numa grande multidão,
Sem o amparo de alguém que dela se compadeça
E alivie essa dor infinda que se chama solidão.

Alegria passageira é aquela do visionário
Que constrói castelos de areia na beira da estrada.
O melhor é ser realista, mesmo sofrendo um pouco
Para não apagar com prantos a utopia frustrada.

Deveras ninguém deve desistir de lutar,
Já que se tudo passa, também passará a dor.
E mesmo se de sombras tétricas cobrir-se o horizonte
Uma luz sempre estará brilhando no sorriso do Criador!

Aplaudi, elogiando sua desenvoltura musical, tão manifesta em todas as existências físicas.

- Obrigado, minha amada Graciette. Sentirei saudades suas.

- Estarei sempre aqui, amando-o e orando por você e pelos animais. Letícia precisa de você...

- Quem é Letícia? – perguntei curioso.

Graciette sorriu e me disse baixinho no ouvido:

- Você saberá.

CAPÍTULO V

Os bovinos

Nós, como espíritos, reunimos em nossa história experiências seculares como seres encarnados, em diferentes planetas, como também no estado errante.

Não trazemos conosco lembranças vivas de tudo o que já passamos em nossas diferentes encarnações. Porém, as experiências mais marcantes nos acompanham, seja em nossa memória no mundo espiritual, seja como mera intuição quando estamos no corpo físico.

Aquilo que vou descrever agora, posso afirmar que, de longe, foi a experiência mais marcante e dolorosa que já vivi, mesmo não tendo sido algo que me atingiu diretamente.

Após a destruição da floresta pela ambição humana, e passado meu período de recuperação no plano espiritual, retornei ao solo terrestre e caminhei sem rumo em meio às propriedades rurais da região, até que me deparei com uma enorme fazenda de criação de gados. Ao me aproximar, fui calorosamente recebido pelos bois e vacas, cujos olhares me cobriram com uma ternura tão indescritível, que por uns instantes cheguei a esquecer-me das cenas dantescas que presenciara.

Ali permaneci por alguns dias, tempo suficiente para me apegar afetivamente a vários irmãos bovinos. Enquanto humano, nunca imaginei o quão gentis poderiam ser os bois e as vacas, muito menos agitados que os cães em suas manifestações de afeto. Se os humanos ocidentais tivessem noção do quanto é agradável essa convivência, talvez com o tempo tivéssemos notícias de vacas e bois sendo criados em apartamentos, já que uma das mais peculiares características do homem é querer guardar para si as coisas boas, sem se importar em deixá-las livres.

Gerôncio era um boi bastante obeso, e atribuía isso a coisas que os homens misturavam em sua alimentação. Ele tinha um ano e meio e adorava deitar-se embaixo de uma mangueira que havia no pasto.

Ao cair da tarde, após realizar passes tranquilizantes nos animais, eu me sentava ao lado de Gerôncio sob a sombra da árvore e ali esperávamos juntos pelo pôr do sol.

- É a hora mais linda do dia – dizia ele, entre um mugido e outro.

- O pôr do sol é um momento sagrado, Gerôncio – expliquei. – Representa o fim de um dia de provações, para que todos possam parar suas atividades e repousar, para retomá-las somente no dia seguinte. Cada dia é um ciclo semelhante ao ciclo da vida. Se as pessoas prestassem atenção nisso, compreenderiam que a cada semana elas têm sete vezes a oportunidade de recomeçarem tudo, corrigindo seus erros e prosperando espiritualmente. O entardecer nos leva a refletir sobre isso. Se erramos hoje, o dia está no fim, e amanhã Deus nos oferecerá uma nova oportunidade de fazer tudo novamente, de maneira acertada.

- Os homens são seres inteligentes, irmão Salemo – ponderou Gerôncio. – Não devem cometer muitos erros.

- Engano seu, irmão. Quanto maior a inteligência, maior a soberba humana, o automatismo nas funções, a indiferença aos limites. Maiores as chances de erro. Essa inteligência de que dispõem os homens na Terra é limitada e imperfeita. Torna-se instrumento de opressão e fonte de desigualdades.

- Não vejo maldade nos homens, irmão Salemo – falou Gerôncio, enquanto espantava uma varejeira com o abanar da cauda. – Eles cuidam muito bem de nós. São tão bons que frequentemente vem um caminhão até a fazenda e leva vários de nós daqui. Acreditamos que existam pastos melhores e mais verdes que estes, e o homem é tão justo que vai selecionando alguns de nós para essa premiação.

Eu não podia explicar a ele para onde os bois eram levados. Optei por me calar. Então Gerôncio continuou, tranquilamente:

- Eu não gostaria de ser levado daqui. Já estou tão acostumado nesse lugar... Espero que me permitam envelhecer nesse pasto. Adoro ficar embaixo dessa árvore e esperar o céu iluminar-se todo de estrelas.

- Eu também adoro olhar estrelas. Em minha última vida de encarnado, lembro-me perfeitamente do quanto gostava de deitar-me sob o céu, e olhar pausadamente para cada constelação. Carreguei esse hábito por toda a vida. Era meu programa romântico preferido: namorar olhando estrelas. Aliás, o céu sempre me fascinou. As lembranças que trago desses momentos são sempre muito ternas. Deitar-me na rede e descansar os olhos sob o céu azul. Isso para mim era o paraíso.

- Também gosto muito do céu. E imagino que é para lá que nós vamos quando ficamos velhinhos...

Eu sorri, e um velho touro que pastava dentro de um cercado próximo de nós me chamou com os olhos. Pedi licença a Gerôncio e fui ter com ele.

- Pobrezinho do meu amigo, acredita em coisas irreais. Pensa que os homens são bons. Eu fui touro de rodeio durante muito tempo, até que matei alguns camaradas e me puseram aqui. Os homens são cruéis demais. Torturam-nos como se não sentíssemos dor nenhuma. Ficamos desesperados naquele lugar cheio de gente gritando, uma dor horrorosa que nos fazem sentir, para nos verem enlouquecidos, enquanto aqueles homens tolos tentam permanecer sobre nossas costas. Isso porque são eles os inteligentes desse planeta.

- Nem todos os homens são maus, irmão Félix. – Está vendo aquela escola, perto da colina?

- Vejo sim. A casinha rosa.

- Pois então. Na escola, há vários grupos de alunos, separados em classes, de acordo com o grau de aprendizagem que já alcançaram. E dentro de cada classe, existem os alunos que aprendem com facilidade, os medianos e uns poucos que nem se importam em aprender. Eles são reprovados de um ano a outro e levam tudo na brincadeira, sem qualquer responsabilidade. Assim é o ciclo evolutivo do homem. Cada mundo é como uma sala de aula. Dependendo do nosso grau de evolução, somos inseridos em uma determinada classe. Todos os habitantes de um planeta pertencem à mesma classe, ou seja, estão em processo de aprendizagem semelhante. Existem os bons alunos, aqueles que passam por todas as provações da vida com excelência e conseguem concluir com êxito todas as etapas de sua missão evolutiva e assim são aprovados para uma série superior, em outra turma de alunos. Existem os alunos medianos – a grande maioria – que tiram notas razoáveis nas provas e por isso precisam se dedicar mais se quiserem chegar ao fim do curso e serem aprovados. Reencarnam várias vezes até conseguirem isso. E existem os maus alunos, aqueles que, além de não terem bom desempenho nas provas a que são submetidos, muitas vezes desdenham e até maltratam os colegas de turma que se destacam melhor. Chegam a ser agressivos e revoltados, crendo que os outros têm culpa por seu mau desempenho, quando na verdade foram eles próprios que se colocaram naquela condição desfavorável, por não respeitarem as regras evolutivas da escola da vida. Esses reencarnarão infinitamente neste planeta, até que finalmente compreendam a necessidade de trilharem o caminho do bem, para que possam ter a mesma sorte dos demais. Entendeu, irmão Félix?

Félix olhou-me com um olhar vago. É claro que não compreendeu absolutamente nada do que expliquei. Apenas comentou, retomando o assunto do início da nossa conversa:

- Esse caminhão que leva um grupo de bois embora daqui, não está mandando ninguém para pastos mais verdes, irmão Salemo – continuou o touro. – Eles são levados para um lugar que chamamos de inferno. Quando eu era jovem, temia ser o escolhido para a próxima viagem sem volta ao inferno, embora eu nunca tenha compreendido de fato o que acontece nesse tal lugar e por que razão os gados são conduzidos para lá. Você sabe me dizer?

É claro que eu sabia que o tal inferno é o matadouro.

Entretanto, optei por me calar, restringindo-me a um não com a cabeça.

- É estranho, Salemo – continuou o touro Félix. – Eu fico aqui me perguntando qual o critério que os homens utilizam para nos escolher. Não pode ser por mau comportamento, porque todos aqui são pacatos e não atacam ninguém. Até eu que sou um touro de rodeio, não machuco ninguém que não venha me provocar aqui dentro do meu cercado. Observamos que costumam escolher os mais saudáveis e gordos, mas seria isso um crime tão grande, a ponto de sermos condenados ao inferno? Não entendo por qual razão estão sempre misturando coisas no alimento dos gados para engordarem, se quando conseguem isso os tiram daqui como se fosse uma represália por terem comido aquilo que nos deram. Você conseguiria explicar isso para nós, irmão?

Eu não sabia o que dizer. Como poderia explicar para aqueles pobres seres gentis e respeitosos, que eles são usados para a alimentação humana? Sempre achei que os animais já nasciam sabendo que são destinados pelo homem a servir-lhe, seja para trabalho, diversão ou alimento. Porém, naquele momento descobri que nem mesmo os bovinos têm noção de que servem de comida. E compreendo isso porque eles são animais herbívoros e jamais poderiam imaginar que os seres humanos, considerados mais inteligentes e evoluídos, alimentam-se como animais selvagens.

- Não sei, Félix – respondi com a voz embargada. – E o melhor é que nenhum de vocês saiba.

Incrédulo com minha negativa, Félix me deu as costas e foi se alimentar, enquanto abanava a cauda para espantar algumas moscas.

Refleti no quanto somos cruéis em justificar que as vacas e porcos já nascem para servir de alimento, e que isso faz parte da cadeia natural.

Ali, enquanto alguns gados viviam na inocência de acreditarem que serem levados no caminhão era algum tipo de promoção para melhores pastos, outros pensavam que haveria um critério de punição adotado pelos humanos para levarem alguns para o inferno e que esse critério fugia à limitada compreensão bovina. Porém, todos acreditavam que os homens são justos e que certamente haveria uma razão para isso.

◆ ◆ ◆

No próximo caminhão, levaram Gerôncio e, junto com ele, mais dezenas de companheiros. Vendo a angústia do meu amigo e o desespero estampado nos olhos de todos, ao saberem que estavam sendo conduzidos ao inferno, resolvi acompanhá-los para oferecer-lhes um pouco de tranquilidade.

Muito embora eu soubesse que aqueles pobrezinhos estavam sendo levados para um abatedouro, imaginei que, chegando lá, seriam conduzidos a um local onde, em fileiras, seriam mortos com uma facada no peito ou algo assim. E lembrei-me que, quando humano, alimentei-me a vida toda de carne sem sequer questionar-me sobre como ocorria a morte daqueles infelizes.

O que presenciei a partir de então foi a cena mais horrenda que já havia assistido em toda a minha existência. Nem no umbral, por onde já passei, fiquei tão profundamente consternado, já que lá todos os tormentos fazem parte de nosso próprio estado de espírito. Neste inferno, no entanto, as vítimas não sabem sequer porque estão sofrendo. E o horror é infinitamente mais triste.

Os bois foram sendo conduzidos a pequenos cercados individuais, sem qualquer noção do destino que os aguardaria.

O cheiro de sangue, no entanto, incomodou até mesmo a mim, já desencarnado. Tudo cheirava a sangue e morte.

Espíritos atormentados daqueles seres até então dóceis e gentis se espalhavam pelo lugar, perdidos e desesperados.

Espíritos de homens desencarnados também circulavam por ali, comendo pedaços de carne crua às gargalhadas e chegando mesmo a oferecer aos pobres bois que aguardavam impotentes pelo destino próximo.

Logo os homens de branco, com botas e luvas de borracha se aproximaram e foram conduzindo os bois em fileiras até o local do suplício. Chegando lá, eles foram colocados em um cubículo, ajeitados aos chutes e então um homem aproximou-se por cima e bateu com um porrete em cada cabeça, fazendo com que caíssem mortos ou, na maioria das vezes, desmaiados.

Acompanhei a dor de Gerôncio desde o momento em que presenciou o companheiro da frente passar por isso. Ele ficou tão desesperado, que se recusou a caminhar até o local, tendo que ser arrastado por três homens, enquanto suplicava por compaixão.

Tentei dirigir-lhe um pouco de fluído, para tentar acalmá-lo, mas eu próprio estava tão aterrorizado, que pouco teria a expandir em socorro ao meu irmão. Gerôncio ajoelhou-se e, com lágrimas nos olhos, implorou para que fosse absolvido. Prometeu comportar-se melhor, comer menos, mugir menos... Suas súplicas sequer foram notadas pelos cruéis monstros humanos, que o arrastaram à força para o compartimento e, com um chute, fizeram com que liberasse a porta. Ali ele foi golpeado na cabeça e caiu desmaiado em um mar de sangue. O desespero era tão grande, que instantes depois ele acordou e passou a se debater. Então o prenderam por uma corda e o penduraram de cabeça para baixo.

Aproximei-me e, com o coração em pedaços, pedi para que tivesse fé, pois logo ele iria desencarnar e eu não o abandonaria, até que recuperasse o espírito daquela mortificação.

Gerôncio não conseguia se expressar com uma única palavra. Sentia muita dor pela pancada e pelas pernas que estavam amarradas, segurando seu corpo pesado com a cabeça para baixo. Daí a pouco, fui lançado para uns dois metros de distância, por alguns espíritos que acompanhavam o funcionário do local. Eles rodeavam o homem, ávidos por saborearem sangue. Tentei novamente aproximar-me e, por trás deles, presenciei uma tortura jamais imaginada. Um homem passou uma faca no peito de Gerôncio e então um mar de sangue foi saindo de seu corpo, misturando-se ao líquido que despejava da boca. Naquele momento, ele me dirigiu um olhar de súplica e eu me ajoelhei, rogando na mesma intensidade para que seu espírito se desprendesse logo dali.

Ele não conseguia reagir. Não podia se desvencilhar do corpo que foi sendo mutilado enquanto, ainda vivo, sentia a carne de seu focinho sendo retirada, depois as patas sendo cortadas, sem que ninguém ali se sensibilizasse com o fato de ainda estar consciente.

Meu desespero era tão grande, que aqueles poucos instantes pareceram durar uma eternidade. Imagino para meu pobre amigo, que sofria na carne as mutilações...

Quando seu coração finalmente parou, ele afastou-se dali, com o espírito esvaído pela dor que ainda o torturava. Abracei-o e, em soluços, pedi-lhe perdão por fazer parte daquela espécie animal que parecia isenta de qualquer tipo de sentimento de compaixão. Gerôncio não podia me ouvir. Ele desmaiou em meus braços e o conduzi para um lugar longe dali, onde os seres humanos já se encontravam purificados e não lhe representariam mais perigo algum.

Enquanto caminhava rumo à saída daquele lugar, fui direcionando energias e fluidos de amor e compaixão para os outros espíritos perturbados dos bois que ali se encontravam perdidos há muito tempo e todos me acompanharam em fila.

Ao acordar no gigantesco pasto, no mundo espiritual, Gerôncio chorou convulsionadamente, como nunca imaginei em um animal.

Ao testemunhar de perto o sofrimento daquelas pobres criaturas e a angústia experimentada por Gerôncio mesmo após o desencarne, questionei a superioridade do ser humano, criado à imagem e semelhança de Deus para reinar sobre todos os seres que vivem sobre a Terra.

Muitos dos seres humanos, enquanto ainda habitam o planeta, acreditam que, ao desencarnarmos, adquirimos completo conhecimento de todas as leis que regem o universo e o mundo espiritual. Por certo, ao nos libertarmos das limitações a que a matéria nos submete, nossa consciência adquire uma amplitude de percepção incomparavelmente superior à que tínhamos antes. Entretanto, continuamos sendo pessoas humanas, agora na condição de espíritos errantes, e como tais também temos nossas dúvidas, nossas angústias e muitas coisas não podem ser por nós compreendidas.

Por isso, situações de extremo pesar nos deixam em certo grau de questionamento e às vezes até mesmo de grande tristeza.

Questionei também até que ponto o homem, criado para ser o senhor e protetor dos animais, desvirtuou sua missão, ao ser movido pela ganância e pelo egoísmo cego.

O destino do homem, enquanto ser espiritual, foi nascer neste plano físico transitório para utilizar-se dos meios de evoluir e assim migrar para outros mundos mais adiantados.

O ser humano, no entanto, deixou de reinar soberano sobre a terra, quando transformou sua missão em tirania. A partir daí, as civilizações passaram a experimentar toda a sorte de sofrimentos físicos e morais, como formas de purificação da alma.

Os desastres naturais, as doenças, as dificuldades nas relações familiares, nas relações sociais, nas relações internacionais e, por fim, as guerras e o extermínio em massa, as dores e mutilações que elas causam a inocentes não têm sido o bastante para abrir os olhos dos homens para os sofrimentos semelhantes ou muitas vezes ainda mais cruéis que são impingidos aos seres puros e desprotegidos, colocados por Deus sob sua custódia.

Como pode o homem ter transformado a espécie bovina em alvo de toda a sorte de sofrimentos?

A morte de um animal deixou de ter como causa justa a de se lhe impor um sacrifício pela sobrevivência dos grupos humanos. Tornou-se, com o tempo, uma forma imoral de satisfazer aos desejos mais vis do ser humano. Os abatedouros de animais se transformaram em espelhos da monstruosidade e da frieza com que uma pessoa é capaz de lidar com a dor e a agonia dos outros seres, sejam eles bois, ovelhas, porcos, aves e as mais variadas espécies de animais exóticos, retirados de seu habitat selvagem para servirem de caríssimos itens nos cardápios dos restaurantes.

Não bastasse o comércio da carne retirada dos corpos desses animais, os homens também se enriquecem com a venda de peles extraídas de seres frágeis e indefesos, mutilados vivos e abandonados agonizantes à espera da morte.

Matar tornou-se algo tão banal, que se passaram a promover

espetáculos nos quais um boi é torturado para entregar-se à morte, diante dos olhos fascinados de uma multidão que paga para assistir eufórica à cena de terror.

Bois são lançados vivos em máquinas que trituram seus corpos para fabricarem mortadela, linguiça, salsicha... Assim como fazem com pintinhos, cavalos, ovelhas, porcos, aves, estejam eles vivos ou não. Isso é irrelevante, na pressa da produtividade em grande escala.

Quanto tempo psicológico deve durar até o óbito do animal? Para o algoz que alimenta a máquina, certamente uns poucos instantes. Porém, para aquele que sente seu corpo ser lentamente triturado, talvez seja um tempo tão longo quanto o que as pessoas levam para saborear o alimento produzido a partir desse pesadelo infinito.

Muito embora a narrativa do Livro de Gênesis da Bíblia seja repleta de alegorias, é inconcebível, a partir de qualquer interpretação razoável que o homem pretenda conferir à Criação, que se aceite que o ser mais inteligente do Planeta use sua ciência para criar máquinas que destroçam vidas para produzir alimentos desnecessários à nutrição humana.

Os defensores desse tipo de procedimento alegam que há animais selvagens que se alimentam de presa viva. Ímpios e ignorantes! Eu, na condição de espírito errante há séculos vivendo nas matas, afirmo a estupidez de tal comparativo! Uma única presa pode alimentar e saciar a fome de vários animais. Cada homem, no entanto, em escala industrial, faz isso com dezenas, centenas ou até milhares de vidas todos os dias. Não lhe basta uma única presa, pois ao contrário dos animais selvagens, o homem não mata para saciar a fome, mas sim para alimentar o mercado capitalista, devorador insaciável de vidas inocentes, outrora postas sob a tutela do ser humano. Quanto maior a rapidez do fluxo de mortes de animais, maior o lucro. Quanto maior o lucro, maior a sede de ampliação das cifras. Isso fez com que o homem não tenha mais tempo sequer para matar os animais de forma digna (se é que se pode falar em dignidade numa morte para atender a interesses econômicos!), antes de destripá-los. Os fazem com os inocentes ainda vivos!

O caminho certo para o qual a humanidade caminha infelizmente é a ampliação dessa violência contra seres indefesos pertencentes à própria raça humana.

Já vivemos fases em que multidões de inocentes foram torturadas e exterminadas com essa mesma bárbara frieza. Isso até então chocava a humanidade. Dias virão em que a violência se tornará tão banal que não trará mais audiência para os noticiários.

Até então, homens continuam exacerbando da liberdade que lhes foi concedida para reinar sobre o planeta. E, ao contrário do destino evolutivo, estão se tornando pessoas piores.

Bebês humanos estão sendo largados no lixo pelas mães, como antes ocorria apenas com filhotes de animais. Homens têm queimado vivos seus desafetos, por motivos banais, como no passado se via apenas em rituais de sacrifício. Idosos são abandonados pelos familiares como outrora só acontecia com animais velhos, que não serviam mais ao trabalho.

Cubro-me de tristeza quando vejo que o homem está conseguindo transgredir a lei maior que rege o universo: a lei do progresso.

Enquanto a ciência e a tecnologia evoluem, milhares de vidas são sacrificadas nos laboratórios, passando meses ou até anos vivendo sob tortura, sem poderem ao menos compreender o cruel destino que lhes foi imposto.

Aves e mamíferos nascem e passam a vida inteira em jaulas, que não lhes permite sequer um movimento, tampouco lhes proporciona o direito de saberem como é a luz do sol, em nome de uma economia pautada na injustiça e na imoralidade contra aqueles que não podem sequer expressar com palavras o sofrimento que lhes é imposto.

O homem perdeu completamente a noção de seus limites. A ganância humana conduzirá o mundo inevitavelmente à falência moral e ao caos.

Todos os espíritos de animais desencarnados - bois, porcos, aves, cães, gatos, javalis e milhares de outras espécies massacradas pelas mãos humanas - estão impregnando a orbe terrestre da energia de dor e tristeza a que foram marcados até a morte. Isso está a contaminar a civilização humana, sem que existam inocentes a serem justificados. Entre os homens há aqueles que praticam o mal contra outros seres e aqueles que preferem fechar os olhos e ignorar a realidade dura e sangrenta pela qual passou a carne que chega até suas mesas.

A humanidade, portanto, está totalmente unida na realização do mal, seja por ação ou omissão, ao serem exterminadas milhares de vidas, com mortes precedidas de tortura e covardia.

Dentre aqueles que praticam o mal em nome do dinheiro e os que usufruem dele em nome do consumo, as mãos justas de Deus se sobreporão, e em nome da Misericórdia Divina, o mal cessará. Os seres inocentes e desprotegidos serão amparados e suas dores terão fim.

Até hoje, a mensagem de amor trazida pelo Mestre Jesus tem sido interpretada e aplicada de acordo com a conveniência humana, e isso por si só é desamor.

O amor é justo e imparcial. É pleno e sem distinções. Amar ao próximo como a ti mesmo é, em primeiro lugar, reconhecer o próximo como criatura divina em todos os seres cujo espírito se expressa através dos olhos, e isso não é restrito aos homens. É respeitar os demais seres – os vegetais – que também estão sendo comercializados de forma indigna, com a extração de árvores adultas para serem expostas durante dias em cima de caminhões, para servirem ao comércio, vivas, porém fora do solo de onde não deveriam ter sido retiradas.

A expressão do olhar, como dito, é sem dúvida a expressão da alma em qualquer ser que vive sobre o solo terrestre. Enquanto o homem permanecer cego a isso, a destruição de vidas inocentes será sucedida pela da própria raça humana. E que um dia o amor reine finalmente sobre o planeta terra!

Em nome dessa desastrosa realidade, eu oro ao Senhor, Deus dessa humanidade insensível e atroz, e pergunto: qual será o futuro de meus irmãos? Misericórdia Vos peço a todos os seres humanos, para que a luz da Justiça Maior ilumine a face do planeta e que cessem essas ações que estão a ocasionar atrasos milenares na evolução espiritual do homem.

Imploro também, ao Senhor, para que a bondade destes irmãos oprimidos pelos homens, a qual os faz vítimas em série da crueldade institucionalizada, possa se espalhar em amor, afastando as energias fluídicas da ambição e do egoísmo, para que predomine no planeta a misericórdia e a compaixão que brotam dessa fonte infindável de onde todos indistintamente, sejam homens ou animais, se originaram para cumprirem, juntos, os desígnios da Criação: a busca da perfeição.

CAPÍTULO VI

O cavalo

Conheci André quando ele ainda era um jovem pangaré que adorava olhar as estrelas enquanto mascava capim no pobre sítio do Senhor Altino.

Sua mãe era uma puxadora de carroça e o pai pertencia a um sítio vizinho, tendo sido emprestado apenas para cobrir a pacata Senhora Aliança.

A mãe de André saía cedo, com uma carroça nas costas, e atravessava a pequena estrada que cortava o sítio, sob os olhos tristes de André, que acompanhava impotente o doloroso trajeto, sempre iniciado com algumas chicotadas no lombo.

Senhor Altino era um velho magro, de cabelos e bigodes brancos, nariz afilado e dentes amarelos que sempre estavam a prender um pequeno cigarro de palha.

Como todo homem rude, usava o chicote com a mesma naturalidade com que se pisa em um pedal acelerador. Para ele, aquela era a forma de fazer a égua seguir o trajeto. Para André, representava a crueldade humana, despejada no lombo de sua pobre mãe.

Mal sabia ele que, quando atingisse a idade adulta, substituiria sua mãe naquele serviço cruel. Também não imaginava o destino que seria dado a ela quando esse dia chegasse.

Na verdade, nem eu sabia. Apesar de minha secular

existência, ainda não havia testemunhado casos de animais escravizados pelo homem, serem depois transformados em fonte de alimento.

À noite, eu gostava de fazer pequenas tranças na crina da Senhora Aliança, enquanto cantava suaves cantigas de ninar para André.

A mulher do Senhor Altino acreditava que quem fazia aquelas tranças eram pássaros, enquanto ele jurava que há houvera visto o Saci Pererê por ali. Mas o certo é que somente os cavalos podiam me ver, com as raras exceções em que eu me mostrava para a neta do casal que ia passar férias com eles naquelas terras, a qual eu soube depois que se chamava Letícia, o que me fez lembrar as palavras de Graciette.

A pobre menininha morria de medo de sair no terreiro ao fim do dia, depois que me viu andando por ali.

Ultimamente a Senhora Aliança andava muito cansada. Emagreceu muito e demonstrava irritação no momento de ser presa à carroça. O resultado disso eram espancamentos diários pelo Senhor Altino. Eu tentava intervir, procurando acalmar os ânimos daquele homem, mas era em vão. De tanto apanhar, um dia a Senhora Aliança desmaiou quando voltava do trabalho. Eles já estavam na pequena estrada próxima da fazenda. No último trecho, ela parou e começou a empinar o corpo. O Senhor Altino, também cansado do dia de trabalho, e ansioso para chegar logo em casa, surrou-a impiedosamente, até que ela caiu desmaiada.

Acreditando que a pobre égua estava morta, ele chamou o menino que ajudava no sítio para soltar a carroça e recolher seus pertences, enquanto foi para a casa descansar.

O garoto, consternado, soltou cuidadosamente a carroça, enquanto Senhora Aliança recobrava a consciência e pouco a pouco ia se levantando, até que ele pudesse levá-la para dentro da baia, onde André a lambeu e se esfregou em seu lombo até o anoitecer.

Os cavalos são animais dóceis e carinhosos. Adoram fazer amigos, inclusive de outras espécies de animais. André às vezes derrubava o cão do sítio com suas lambidas, sendo correspondido por constantes latidos chamando-o para prosseguir na brincadeira.

André estava sempre feliz e bem disposto. Seus grandes olhos muitas vezes se dirigiam ao céu, imaginando as cenas das histórias que eu lhe contava sobre unicórnios e cavalos-alados.

Os seres humanos, enquanto encarnados, ainda não possuem o dom de se comunicarem com os animais. Em função disso, não supõem que as demais espécies possuem consciência e capacidade de compreensão. A realidade é que o homem menospreza aquilo que ainda não foi descoberto por sua ciência. E, principalmente, nega a existência do que não pode ver ou comprovar com sua limitada tecnologia.

Todos os animais têm sentimentos e podem discernir, melhor do que os humanos, as coisas que acontecem ao seu redor, dado que seu instinto é mais acentuado. Por esta razão, alguns animais podem prever, por exemplo, a aproximação de uma tempestade, enquanto a grande maioria dos humanos não detém essa capacidade.

O acúmulo de informações, a linguagem falada e o raciocínio lógico são os principais requisitos para o homem se sentir superior aos outros seres, sem se lembrar que máquinas possuem tais atributos muito melhor desenvolvidos e não passam de meros aparelhos sem alma.

Um dia eu ouvi o Senhor Altino comentar que a mãe de André já não servia mais para o ofício e que iria substituí-la.

Também vi quando a levaram do sítio, sob os olhos tristes do pobre rapaz.

Nenhum dos dois sabia o destino que a esperava. Nem mesmo eu jamais imaginava a que ponto os seres humanos seriam capazes de chegar para alimentar a fome por dinheiro.

Colocada na caçamba da velha caminhonete, a mãe de André seguiu olhando as árvores e recordando todos os anos em que passou por ali com o peso amarrado no lombo.

Para ela, o lugar para onde seria levada representava descanso. Acreditava estar se aposentando, e isso, muito embora lhe trouxesse uma sensação de relaxamento, a tristeza pelo afastamento do filho não lhe permitia sentir-se feliz. Além disso, sua intuição lhe dizia que algo muito ruim estava prestes a acontecer, e desta eu também compartilhava, sentindo um misto de horror e desespero, ao lembrar-me da experiência que passei com Gerôncio.

Após uma vida de escravidão, aquela velha égua estava sendo levada para os horrores de um matadouro. De trabalhadora incansável, sem direito a um dia sequer de descanso durante toda a vida, agora não se prestava mais ao trabalho. E o que lhe restava era proporcionar ao velho Senhor Altino o último lucro financeiro que a ganância humana o fazia almejar: transformar aquela pobre égua em carne para o consumo humano.

A visão que tive no abatedouro foi semelhante à dos abatedouros de bovinos. Dezenas de cavalos e éguas cabisbaixos, à espera da morte iminente.

Todos ali tinham o coração palpitante, os olhos assustados, tremores musculares, espírito em desesperada vigília.

Logo na entrada, o Senhor Altino foi recebido pelo preposto do local.

Uma breve discussão entre ambos precedeu o negócio:
- Mas esse dinheiro não dá nem para comprar uma saca de milho – argumentou o Senhor Altino.
- O que mais quer com essa égua velha? – contestou o comprador – Isso aí vai dar uma carne tão dura, que só mesmo para açougues de quinta vamos conseguir vender.

O senhor Altino recebeu, então, a pequena quantia em dinheiro e entregou a pobre égua, resmungando:
- Só vale a pena mesmo porque vai deixar de dar despesa. Esse dinheiro não paga nem a gasolina para trazer o bicho até aqui.

Afagando-lhe as costas, pedi para que a pobrezinha tentasse se acalmar. Seu coração, no entanto, disparou, ao olhar para dentro do local e ver dezenas de seres de sua espécie dependurados em cabos de aço, sendo despedaçados pelos homens de branco.

Três dias se passaram ali, até que vieram buscá-la.

Acompanhei seu martírio, até o momento em que puseram uma espécie de pistola em sua cabeça, derrubando-a já inconsciente ao chão.

Optei por não olhar a dolorosa cena que se seguiu, enquanto o corpo físico de minha velha amiga era dependurado no cabo de aço e recortado com a faca afiada do frio algoz, que exercia seu ofício com a mesma naturalidade com que um jardineiro colhe uma flor.

Quando olhei para fora daquele inferno, vi a Senhora Aliança cavalgando lentamente e cabisbaixa, com as energias completamente absorvidas pelo sofrimento a que se submeteu nos últimos instantes de vida.

Rapidamente eu a alcancei e, montando em suas costas, dirigi os braços ao céu e orei, enquanto avançamos em direção ao plano superior:

"Aos anjos protetores dos animais, e a Deus Todo-Poderoso, rogo pelo espírito desta pobre égua, para que siga em paz durante este curto período de recuperação que lhe é concedido no mundo espiritual.
Agradeço ao meu Criador que, com sua bondade infinita, concedeste-me o dom de identificar nos animais os exemplos mais simples do processo de nascimento e morte que se opera ao longo de nossa secular trajetória existencial, e que neles possamos encontrar a esperança de uma nova vida, a cada fim de ciclo de existência física a que nosso espírito se submete pelo bem maior da evolução e na certeza de que a felicidade será sempre alcançada. Que assim seja!"

Foi muito difícil meu retorno ao sítio do Senhor Altino. Eu teria que explicar a André o que acontecera à sua pobre mãe; porém, ele jamais compreenderia que os cavalos, além de serem escravizados pelo homem, também são mortos para servirem de alimento.

Aliás, nem eu mesmo posso compreender as razões de tal submissão.

Em uma época onde não existiam máquinas, era natural que o homem dependesse da força dos animais para auxiliá-lo em suas atividades mais penosas, como o transporte e a construção civil.

Porém, nos tempos atuais, em que a tecnologia permite até mesmo que o trabalho humano seja substituído pela produção industrial, onde a aquisição de meios de transporte se tornou cada vez mais acessível à população carente, onde há infinitas formas de se prover à alimentação do homem sem depender-se do consumo da carne, diante de tudo isso, é de fato incompreensível o que ocorreu com a Senhora Aliança.

Mais uma vez me senti impotente diante da ação do homem e novamente me questionei sobre a importância do meu papel de guardião dos animais.

Como posso me considerar um espírito protetor, um guardião, se não consigo evitar novas mortes até mesmo com os meus protegidos?

Sentei-me próximo à baia onde André repousava e, sob a luz do luar, chorei um pranto silencioso, enquanto recitava dentro do peito:

Eu sou uma alma errante
Que vaga no além;
Sou o anjo teimoso
Que não gosta de dizer amém;
Sou o guardião solitário
Que protege, mas não sabe quem;
Acho que um tolo eu devo ser também,
Pois quando penso que sou alguém
Olho para o mundo e concluo que não sou ninguém.

Lembrei-me então das palavras dos espíritos superiores, de que a cada crueldade que o ser humano comete contra os animais, demonstra sua total incapacidade de desvendar os mais singelos desafios de Deus.

- Há algo muito maior do que isso tudo que está acontecendo no planeta – pensei – e certamente não tardará para que a vontade divina se manifeste para mostrar à humanidade o quanto a ganância e o egoísmo fizeram com que o homem desvirtuasse sua missão de proteger os demais seres que habitam o planeta.

Já amanhecia quando consegui restabelecer a serenidade e me dirigir a André, para dar-lhe a cruel notícia.

Porém, qual não foi minha surpresa quando, ao me aproximar, vi o Senhor Altino prendendo André à carroça que antes era usada em sua mãe.

André não compreendia o porquê daquilo, nem para onde havia sido levada sua velha genitora. Relinchava e se movia agitadamente, deixando o homem cada vez mais nervoso, a ponto de pegar no chicote e meter-lhe nas costas.

Eu sabia que minha intervenção naquele momento seria punida pelas entidades superiores. Mesmo assim, resolvi desafiar os mandamentos maiores e soltei o arreio que prendia André, subindo em suas costas e ordenando que saísse dali o mais rápido que pudesse, diante dos gritos ameaçadores do Senhor Altino, que chegou mesmo a atirar uma pedra em nossa direção, atingindo o dorso do pobre animal.

- O que aconteceu? – perguntava ele, enquanto corria. – Onde está minha mãe? Por que ele ia me fazer puxar aquela carroça?

- Vou lhe explicar tudo, rapaz – prometi. – Agora eu quero que feche os olhos e confie em mim.

A transposição de André ao mundo espiritual foi como voar pelas nuvens em um cavalo alado. Tranquila e agradável. Quando chegamos ao nosso destino, instante depois, ele estava cansado, porém sem sequer imaginar a surpresa que o aguardava.

Senhora Aliança encontrava-se sob os cuidados do espírito Joel, que lhe dirigia passes energizantes, sob a copa de uma grande árvore, em um pasto rodeado de montanhas.

Enquanto isso, o Senhor Altino esbravejava e tentava contato com o vizinho do sítio ao lado, a quem solicitaria a caminhonete emprestada, para ir atrás de André.

O vizinho, porém, não atendia ao telefone, deixando-o mais ainda furioso.

- Eu vi o homem soltar o cavalo do arreio, vovô! – falou Letícia.

- Que homem, menina? – gritou o velho, alucinado de tanto nervosismo.

- O homem de branco que fica aí no quintal.

- Essa menina está cada dia mais louca, Maria! – gritou o Senhor Altino. – Tire essa maluca daqui, antes que eu dê uma surra nela, para largar de ser mentirosa.

- Vai pra dentro, menina! – ordenou Dona Maria, enquanto segurava a menina pela orelha, conduzindo-a aos prantos para o interior da casa.

- É verdade! – protestava ela, ao ser empurrada pela avó para dentro do quarto.

- Fica aí, menina mentirosa! – gritou a mulher, enquanto fechava bruscamente a porta do quarto e retornava para a cozinha, resmungando.

- Essa porcaria de telefone deve estar com defeito! – esbravejava o Senhor Altino, andando de um lado para outro – Vou a pé mesmo até a casa do Israel para pegar o carro emprestado. Não deixe essa menina sair do quarto, Maria! Já estou cheio de problemas para ter que aguentar essa conversa mole de homem de branco!

André não compreendia onde estava; acreditava ter sido levado a outro local, no plano físico mesmo. Sua mãe, porém, tinha a ideia superficial de que migrara à vida em estado de espírito, porém encontrava-se especialmente traumatizada pela morte violenta a que fora submetida. O ofício do espírito Joel, naquele momento, era exatamente o de afastar-lhe a angústia e o desconcerto advindos do terrível acontecimento que antecedeu à sua passagem.

- Mamãe – exclamou André, ao avistar a mãe, trotando em direção a ela, para esfregar-se em seu corpo, com ternura.

A Senhora Aliança lhe dirigiu um olhar triste, sem nada responder. Alguns segundos se sucederam, até que ela perguntasse:

- Você também?

- Eu também o que, mamãe?

- Você morreu, meu filho! Mas como?

- Morri? – André relinchou, sem compreender. – Claro que não morri! Nem você. Estamos vivos, minha mãe...

Resolvi então me aproximar, para explicar aos dois o que de fato havia ocorrido.

- Perdoe-me por interromper sua concentração, irmão Joel...

- Não há o que perdoar, irmão – ponderou o espírito Joel, enquanto alisava a crina da Senhora Aliança. – Nossa amiga aqui já está bem melhor. Vou me retirar agora, para atender aos outros animais que estão chegando. Fiquem em paz.

- Obrigado, irmão. – Agradeci e, dirigindo-me à mãe e filho, expliquei:

- Amigo André, sua mãe deixou o corpo físico numa situação deveras traumática.

- Como pode dizer isso? – Desta vez André começou a andar em círculos e balançar a cabeça. – Deve ser brincadeira!

- Não, meu amigo – tentei explicar, tocando em seu lombo. – Você está vivo. Viemos até o mundo espiritual através da transposição de seu corpo físico até aqui. Os animais podem fazer isso, ao contrário dos seres humanos, a quem só é permitido ingressar neste local após a morte do corpo.

- E com minha mãe, o que houve?

- Sua mãe foi morta em um frigorífico, para seu corpo físico ser utilizado como alimento dos homens.

A Senhora Aliança neste momento baixou a cabeça, deixando transparecer a angústia em seus olhos.

- Como alimento? Quem é que come carne de cavalo? – interrogou André, inconformado.

- Infelizmente, André - tentei explicar - os animais são utilizados para consumo humano em virtude do lucro econômico que o comércio da carne proporciona. Não importa se o caso é de carne de cavalo, de boi ou de frango. Não é necessário que o homem, nos tempos modernos, alimente-se da carne de qualquer animal. Já não estamos mais no período pré-histórico, em que os caçadores não conheciam outra forma de alimentação mais saudável e dependiam da energia que a carne lhes proporcionava para a própria sobrevivência. Atualmente, o consumo da carne é apenas uma questão de opção individual, mas infelizmente sua produção e comércio impulsionam a economia e é muito mais lucrativo que a produção da lavoura, inclusive porque se trata de um produto que promove lucros bilionários com a exportação.

- Mas carne de cavalo... Achei que só servíamos para o trabalho...

- Nenhum ser que habita o solo terrestre merece ser escravizado, meu filho... Porém, os animais não são dotados da linguagem verbal, pois podem se comunicar pelo pensamento. Infelizmente, os humanos ainda não atingiram esse estágio evolutivo; quando no plano físico, dependemos da fala para interagirmos e isso nos faz ter uma visão limitada da inteligência dos outros seres e, pior, nos faz sentirmo-nos no direito de maltratá-los, escravizá-los, torturá-los, fazê-los de instrumento de divertimento e como alternativa barata para o trabalho pesado.

- Mas se não nascemos para o trabalho, nem para servir de carne, para que nós fomos criados?

A ingenuidade da pergunta me fez sorrir. Porém, é exatamente essa a alegação que o ser humano utiliza para continuar consumindo carne e utilizando os animais como máquinas baratas. "Eles nasceram para isso!".

- Não pense como os humanos, meu filho – ponderei. Nenhum ser, mas nenhum mesmo, foi criado por Deus para explorado pelos outros, mas sim para dividirem todos as maravilhas que o mundo pode nos proporcionar. Nas relações entre cada indivíduo que compartilha do solo terrestre deve haver benefícios mútuos, não a exploração ou a escravização, onde apenas uma parte é beneficiada.

Naquele momento, criei uma cena à nossa frente, para que ele pudesse visualizar melhor minha explicação:

- Há beleza maior do que olhar o verde daquelas montanhas e ver os cavalos livres, correndo aos bandos? E as manadas de bois, unidos, levantando poeira e movimentando a vida? Veja como é lindo! Isso não é suficiente para justificar uma existência? Mas não, o ser humano investe na reprodução, multiplicando essas vidas que foram criadas pelo Ser Maior para dividirem com ele das belezas naturais, e justificando o consumo pela própria incapacidade de administrar a superpopulação derivada de sua própria ganância.

E, mostrando-lhe agora outra cena, ilustrei ainda mais minha explicação:

- Quando alguém de coração vazio olha para o alto, numa noite de outono, percebe apenas um céu nublado numa noite fria. Porém, o espírito apaixonado, aquele que sabe enxergar a beleza da Criação, compreende naquele cenário uma mostra da grandeza divina, com nuvens passeando sob estrelas...

Naquele momento, um mensageiro avisou que os mentores espirituais me convocaram para um diálogo. Eu já sabia o que me aguardava, então achei melhor ir de imediato:

- Eu os deixarei a sós por uns instantes – disse-lhes com brandura.

– Aproveitem bastante este momento. Em breve você terá que deixar sua mãe e retornar ao plano físico, André.

- Mas...

Não dei tempo para que o jovem questionador ponderasse que não queria se afastar de sua mãe. Ou talvez que a quisesse levar consigo. Acompanhei o mensageiro, que me relatava animadamente o desenvolvimento das flores novas que foram plantadas no jardim à frente da praça de descanso, de cujo trabalho sua participação consistiu em selecionar os espaços por onde elas seriam delicadamente distribuídas, para melhor visualização de todos os que passeiam pelo local.

- Estou plantando estas flores para preparar o jardim para a chegada de minha amada Francine... – disse o rapaz.

- É mesmo? – espantei-me. – Mas faz tão pouco tempo que ela encarnou...

- Foi o tempo necessário. Vinte e cinco anos. A missão dela já está quase no fim. Francine nasceu apenas para concluir o período interrompido na encarnação anterior, quando nos encontramos no plano físico. Agora ela já está quase pronta para retornar...

- Imagino que você esteja preparando tudo com muito carinho...

- Ah, sim, irmão Salemo. Embora distante geograficamente, minha amada Francine nunca deixou de me fazer sentir o aroma do amor em sua versão mais sublime, aquela que transforma a distância em desejo e a saudade em ternura...

- Imagino a grandeza de seu amor, caro irmão Cláudio...

- Infinito, irmão Salemo. Tudo conquistado em nossos sucessivos reencontros no plano físico. Quando lá estávamos em matéria, eu levava na alma a crença de que a vida se resume em uma sucessão de experiências e provações, pelas quais obrigatoriamente temos que passar para irmos trilhando o caminho da evolução espiritual. As duras penas a que nos submetíamos, de tempos em tempos, eram sempre lembradas como os momentos mais marcantes de nossa jornada, enquanto eu não prestava sequer atenção nas pequenas pétalas que se entornavam diariamente sobre as pedras que iam aparecendo em nossos caminhos, tornando-os mais doces e suaves, fortificando nosso amor a cada dia.

- De fato, irmão Cláudio, viver definitivamente não se resume em sofrer para evoluir. Há um objetivo maior, a que o Criador nos submeteu, e que consiste justamente em estarmos aqui em busca da prosperidade espiritual, atingida não apenas pelo sofrimento que purifica o espírito, mas principalmente pela realização do amor em sua plenitude.

- Viver sem desvendar esse segredo é trilhar um caminho vazio... – refletiu meu amigo.

- Sim, e só descobrimos isso quando anjos de luz são enviados para nossas vidas, com a missão de nos mostrar que o amor é o sentido maior de nossa existência. Talvez esses anjos venham em espírito, em grande parte das vezes são nossos próprios irmãos, travestidos pelo manto da benevolência e da compreensão e, para os mais afortunados como você, através de almas vinculadas a um amor trazido de outras encarnações.

- Irmão Salemo, o amor é sem dúvidas a razão de existirmos, e isso simplesmente basta para que a vida valha à pena.

Meu amigo concluía seu raciocínio, quando adentramos no grande salão onde o Mestre Nicodemos me aguardava, com um sorriso iluminado no rosto:

- Irmão Salemo, irmão Salemo...

Curvei-me para cumprimentá-lo, enquanto ele tocava minha cabeça com a mão esquerda, enquanto com a direita irradiava as energias benéficas que vieram até mim em forma de luz:

- Querido irmão Salemo, creio que já saiba o que traz até minha presença.

- Posso imaginar, Mestre Nicodemos... Admito que ultrapassei os limites daquilo que me foi atribuído, ao trazer André para visitar sua mãe daquela forma...

- De fato, irmão Salemo. Não há mal algum em fazer a transposição do animal vivo até aqui. Porém, é de seu conhecimento que isso jamais deveria acontecer em circunstância onde haja a presença de um ser humano.

- Na verdade, eu não o transportei perante do Senhor Altino...

- Mas soltou as rédeas, e a garotinha testemunhou. Aquela criança já apresenta o dom da mediunidade desde cedo. Muito embora a falta de exercício e de interesse fará com que ela perca tal faculdade ao longo dos anos, sabemos que será uma mulher de grande importância na proteção aos animais, especialmente por conta de sua acentuada sensibilidade e percepção.

- Devo auxiliá-la, mestre?

- Sem dúvidas que sim, irmão Salemo. A garota precisa de uma preparação. Ela pode vê-lo; porém, sua aproximação a assustaria e acabaria por atrapalhar o desenvolvimento de seu trabalho. Faça-o enquanto ela dorme, e tome mais cuidado para que não o veja. Seu preparo deverá se dar pela inspiração e por mensagens através de sonhos.

- Assim o farei, Mestre.

- Agora leve o cavalo de volta...

- Ele irá sofrer nas mãos do algoz...

- Seu sofrimento será a primeira grande lição, que conduzirá os primeiros passos daquela jovem. Lembre-se de que somente os humanos podem intervir nas ações de seus semelhantes. A nós compete respeitar-lhes o livre arbítrio. Que sua intervenção se limite a amparar as almas dos animais, que sofrem em decorrência dos maus tratos. Porém, a evolução da humanidade depende de que suas atitudes destruidoras se transformem voluntariamente em ações benéficas aos semelhantes. Enquanto os homens não aprenderem a respeitar a natureza, enquanto não se derem conta de seu papel como guardiões dos animais que habitam o planeta, o sofrimento continuará atingindo a todos. Não é possível pensarmos em felicidade num mundo onde o individualismo humano se sobrepõe à fraqueza dos humildes, enquanto animaizinhos indefesos são maltratados, enquanto a natureza é destruída para alimentar o consumismo das massas... Somente haverá evolução quando o homem aprender a amar ao próximo indistintamente, seja ele um animal, uma ave ou um réptil e passar a cumprir sua missão bíblica de reinar sobre eles e proteger-lhes de todo o mal. A felicidade depende do equilíbrio, mas infelizmente o homem ainda não se deu conta desta realidade.

- Que assim se faça, Mestre.

- Que assim se faça de forma crescente e consciente, irmão Salemo. E que doravante não haja mais qualquer ocorrência de intervenção de sua parte nas ações humanas.

- Assim o prometo.

- Agora vá, e leve o cavalo.

A Senhora Aliança despediu-se de André, pedindo que ele tivesse muita coragem para enfrentar o sofrimento, na certeza de que em breve estariam juntos novamente.

CAPÍTULO VII

A menina

O destino das pessoas é como uma estrada com inúmeras bifurcações. Não há um único e reto caminho a trilhar. As opções são infindáveis e cada escolha envolve desafios próprios. Não nascemos com uma trajetória de vida pré-determinada. Apenas é definido, antes de nossa encarnação, o gênero de provas que iremos suportar. Tais provações nos vão sendo apresentadas no decorrer da vida mundana, de acordo com o rumo dos passos dados.

Ninguém nasce apenas para sofrer; os seres humanos estão neste planeta com a única finalidade de evoluírem. Quem não está em estágio de evolução, não encarna no plano físico. Para o progresso espiritual, entretanto, é necessário que os percalços no decorrer da vida sejam não apenas enfrentados e superados, mas que deles se extraiam as lições que irão compor o livro de experiências escrito durante a jornada material.

Letícia nascera de uma família pobre numa cidade qualquer do interior. A mãe engravidou aos quinze anos de idade e teve de deixar a casa dos pais – Senhor Altino e Dona Maria – para viver com o companheiro, um jovem de dezessete anos, que trabalhava como servente de pedreiro.

Nas férias, Letícia ia visitar os avós no sítio, onde teve os primeiros contatos com os porcos, as cabras, galinhas e com a Senhora Aliança, a égua usada nos trabalhos do avô como carroceiro.

Quando a Senhora Aliança pariu, Letícia estava lá, e emocionou-se ao ver o jovem André vir ao mundo, frágil e inocente como todos os bebês recém-nascidos.

No dia em que a Senhora Aliança foi levada para o abatedouro, Letícia abordou seu avô por várias oportunidades, pedindo explicações sobre qual fora seu destino, mas obteve apenas respostas vagas de que "a égua morreu de velha". Questionado sobre o corpo da égua, o Senhor Altino limitou-se a dar-lhe um tapa na orelha, mandando que ela parasse de aborrecê-lo com perguntas intrometidas.

Apesar da origem humilde, Letícia era uma menina questionadora e inteligente. Seus primeiros desafios começaram ainda na infância de sua encarnação e foram sempre acompanhados de oportunidades de aprendizagem. Quando ainda não tinha idade escolar, já ansiava por aprender a ler e escrever.

Seu sonho infantil era poder ler as historinhas que acompanhavam as ilustrações de animais nos livros que folheava na casa da vizinha. A paixão pela leitura estava sempre ligada à curiosidade por aprender coisas sobre os animais.

Hoje em dia os pais já começam a alfabetizar as crianças em casa, mas naqueles tempos não era assim. Nas famílias de baixa renda, as crianças não iam para o jardim da infância ou pré-escola. Isso era para quem tinha dinheiro para custear o material, o uniforme e os lanchinhos especiais, o que não era seu caso, pois o pai era servente de pedreiro e a mãe ajudava nas despesas com algumas faxinas esporádicas.

Então Letícia teve que esperar o momento de ir para a primeira série. Sua ansiedade era tão grande que, ao chegar da escola após o meio-dia, ela não almoçava enquanto não concluía o dever de casa, que era passado num pedaço de papel onde se embrulhavam pães.

A mãe sempre a estimulava, esperando que ela tivesse um destino diferente do seu; o pai, por seu turno, adorava saber que a filha dele era uma grande estudiosa.

Após sua primeira grande realização – a leitura dos livros com desenhos de animais – a vida escolar de Letícia deslanchou.

"Quem não estuda puxa carroça; olha o exemplo do seu avô" – era a frase de sua mãe, que acompanhava Letícia quando uma fagulha de desânimo recaía sobre sua dedicação extrema.

Quando ia para o sítio do avô, sempre levava consigo os livros, mesmo que fosse durante o período de férias; adorava sentar-se à sombra de uma grande mangueira e se perder nas páginas de um romance.

Enquanto isso, o amor de Letícia pelos animais era uma chama crescente. Quando criança, em sua casa havia duas cachorras pequinesas, mãe e filha. Todas as manhãs, a mãe a colocava no quintal para tomar sol, e ali uma das cachorrinhas – a filha – permanecia sentada ao seu lado. Letícia conversava com a cachorra, acariciava seus pelos e por longas horas permanecia encostada ao seu lado.

Com o tempo, a cachorrinha de Letícia ficou cega, e ela se culpava, atribuindo isso a uma vez em que a trazia no colo e a derrubou. Por certo, não foi esse o motivo, mas o amor das duas era tamanho, que Letícia chegou a se questionar acerca de sua responsabilidade pessoal (aos cinco anos de idade), pela doença da cachorra.

Tempos depois, a mãe pequinesa teve uma enfermidade que lhe afetou o focinho e transformou-se em uma ferida que crescia e cheirava mal. Os pais de Letícia eram muito pobres e naquela época não se tinham os mesmos recursos veterinários dos dias de hoje. Na cidade havia apenas um prático, que não era formado em Medicina Veterinária, e cuja remuneração não poderia ser custeada pelos modestos recursos da família.

A gravidade da doença, o mau cheio e o risco de infectar as crianças fez com que a mãe de Letícia decidisse abandonar a cachorra em um matagal, para proteger os filhos de um possível contágio. Muito embora acreditasse que a atitude da mãe estivesse correta, já que desconhecia alternativa para aquela situação, Letícia limitou-se a assistir, calada, à cena de retirada da cachorra por um garoto, em troca de algumas laranjas, sendo conduzida em sua casinha de madeira azul para o local onde morreria abandonada, faminta e com dor.

Logo a cachorra de Letícia também adoeceu, morrendo aos sete anos de idade, após vários dias gemendo e por vezes gritando de dor, enquanto a garota, na época com seis anos, perguntava-se como poderia um ser tão amado morrer daquela forma, sem medicação, sem nada que pudesse aplacar seu sofrimento...

Hoje em dia, quando se tem notícias de alguém que deixa o animal sofrendo sem socorro, são feitas denúncias, pedidos de auxílio, resgate, enfim, toda a sorte de ações visando à sua proteção. Antigamente não era assim que funcionava. As famílias carentes viam seus animaizinhos padecerem de dor e se limitavam a consternar-se com seu sofrimento, sem que nada pudessem fazer, seja pela falta de informação, mas especialmente pelo fato de que em muitas cidades do interior não havia sequer clínicas veterinárias.

Essas duas perdas nunca foram esquecidas. Letícia saiu da infância para a adolescência e arrastou por toda a vida o gosto amargo que sempre lhe traziam as lembranças daqueles momentos e da sensação de impotência, culpa e revolta que experimentou aos cinco e aos seis anos de idade, sem que nada fosse feito para aplacar o sofrimento de suas amadas pequinesas.

Na época da morte da Senhora Aliança, Letícia ainda era uma criança. Quando André retornou, de imediato o Senhor Altino o colocou para fazer o serviço que antes incumbia à sua mãe; a carroça saía logo pela madrugada, e retornava ao fim do dia, com o cavalo cabisbaixo e exausto.

- Por que não compra uma caminhonete, vovô? – questionou certo dia. – Esse cavalo não serve para puxar carroça. Ele está ficando estressado com esse trabalho.

- O que é isso, menina? – interrogou o velho homem. – Se cavalo não serve para puxar carroça, serve pra que, então?

- Eu ouvi dizer que lá no Bairro da Porteira tem um lugar que mata cavalo para vender a carne.

Havia sido lá que a Senhora Aliança fora vendida, porém o Senhor Altino negou veementemente:

- Larga disso, menina. Não tem nada de matar cavalo não. Isso é conversa fiada!

- Tomara que seja mesmo, vovô. É só o que faltava as pessoas estarem agora comendo carne de cavalo...

- Vá ajudar sua avó no almoço e pare de me fazer perguntas bestas!

André de fato não se adaptara ao ofício que antes era de sua mãe. Recusava-se a obedecer ao Senhor Altino e chegou a mordê-lo, após ter sido por ele agredido com um tapa na cara.

Ao ser confinado na baia, após o dia de serviço, ficava andando em círculos e, com o tempo, foi emagrecendo progressivamente.

Aos poucos, André se tornou um cavalo magro e doente. Nas pernas, já se viam sinais de artrite; o pelo se tornou opaco e sua vitalidade de um ano antes, esvaiu-se.

Em seu período de férias, Letícia costumava escovar-lhe à noite, acariciando seu lombo e cantando canções infantis em seu ouvido. Apesar de sentir compaixão pelo trabalho a que era injustamente submetido, ela nada podia fazer ante a autoridade do avô.

Numa dessas noites, aproximei-me e toquei seu ombro, enquanto ela mexia na crina de André.

Ele me olhou com olhos tristes, mas naqueles tempos Letícia já não podia mais me ver. Sua vidência perdeu-se progressivamente durante a adolescência.

- Seja forte, André – eu disse-lhe. – Essa garota o ama, e eu também.

- Eu não aguento mais esse trabalho – ele reclamou, em pensamento. – Estou morrendo a cada dia.

- Pois eu tenho algo a lhe dizer. Sabe aquela égua que você encontrou hoje na estrada, montada por um jovem, quando voltava do trabalho?

- Sei sim, era minha mãe.

- Como soube?

- Ela me disse com o olhar. Porém, eu sequer pude me aproximar dela, com aquele homem chicoteando-me a todo o momento, para que eu voltasse o mais depressa possível para casa.

- Um dia isso vai acabar, meu amigo. Mas saiba que sua mãe está bem. Aquele garoto a ama, e ela é muito bem cuidada por ele.

- Eu queria morrer sem ter que voltar para esse mundo de novo.

    Seu espírito cobriu-se de tristeza, enquanto ele completou:
- Minha mãe me ensinou quando eu era criança essa canção que eu nunca mais esqueci:

No silêncio do crepúsculo
Aqui na baia, o olhar ao chão,
É que descubro na fantasia
As dores da solidão.

Esse vento que agora uiva
Traz consigo recordações
De uma infância solitária
Sem muitas ambições.

Sinto na alma um sussurrar,
Nem sei o que quer dizer.
Talvez queira me avisar
Que não me esqueça de viver.

Em muitos sonhos mirabolantes
É que reina a esperança.
Que tolice é eu pensar
Que deixei de ser criança.

Essas lembranças que me veem à mente
Intensificando o meu sofrer
Dão-me agora, mais que nunca,
A vontade de morrer.

As grades deste estábulo
Machucam meu coração,
Mas a verdade é esta:
Nasci pangaré; nunca serei alazão.

- Infelizmente, a realidade da grande maioria dos animais ainda é triste – eu falei, consternado. - Não podemos mudá-la. Porém, Deus é Misericordioso, e estarei ao seu lado na passagem.

- Leve-me ao outro mundo, por favor...
- Você não terá mais que sete dias lá...
- Sete dias já me servem; aqui não tenho um único dia de descanso. Além de trabalhar, sou chicoteado a todo tempo. Imploro sua misericórdia, meu bom amigo. Não quero morrer como minha mãe.
- Pedirei permissão para levá-lo esta noite, André.

Naquele momento, André baixou os olhos e chorou um pranto silencioso. Letícia achou que fosse sono e despediu-se dele, dirigindo-se a casa.

Por volta das duas horas da madrugada, certifiquei-me de que ele estava pronto para a viagem. Pela manhã, ao comparecer até a baia, o Senhor Altino constatou que o cavalo tivera uma morte súbita.

- Vamos lá, garoto! – gritei de cima de André, que galopou ininterruptamente por entre as nuvens, durante horas a fio.
- Obrigado, amigo! – exclamou ele, radiante, correndo e flutuando, até chegarmos a uma grande montanha, onde avistamos uma tropa de cavalos, a quem nos juntamos.
- Finalmente, estou livre! – gritou meu amigo, relinchando de felicidade.

Mestre Nicodemos havia me autorizado a levar André naquela noite. Já que eu não poderia libertá-lo em vida, o fiz através da morte física, e me propus a proporcionar-lhe sete dias de felicidade plena, antes que voltasse para o plano físico.

No oitavo dia, ele nasceria em um haras e seria cuidado com todo o amor do mundo por uma mulher amante de cavalos. Teria uma vida tranquila e seria feliz durante os trinta e um anos em que permaneceria no plano físico durante aquela existência.

CAPÍTULO VIII

A cabra

Aos doze anos, Letícia teve sua primeira iniciativa em defesa dos animais. Naquela época, as prefeituras montavam uma equipe de vacinação antirrábica que se reunia em pontos estratégicos da cidade, onde as seringas eram de vidro e, sem qualquer precaução, eram reutilizadas em todos os cães. Coincidência ou não, poucos dias depois de ter sido vacinada, sua cachorra contraiu um problema alérgico. A outra cachorra, que se encontrava com um ferimento em uma das pernas, foi cruelmente amarrada em um poste com a corrente pelo funcionário da prefeitura, passando os elos pelo ferimento aberto, enquanto era vacinada. Questionado por Letícia e sua mãe, limitou-se a dizer que fez aquilo por precaução, para não ser mordido.

Revoltada por ter assistido a tudo aquilo sem nada poder fazer, a franzina garotinha de doze anos acabou tendo uma ideia que resolveu definitivamente o problema em sua comunidade. Arrancou uma folha de caderno e escreveu de próprio punho uma cartinha para uma emissora de rádio local, denunciando as irregularidades e entregando-a pessoalmente na casa do radialista. No dia seguinte, acompanhou eufórica a leitura da missiva e os comentários na rádio, com a certeza de que, na campanha de vacinação do ano seguinte, os problemas não se repetiriam. E de fato, a partir de então, a prefeitura da cidade passou a tratar os cães com maiores cuidados e foi determinada, em caráter definitivo, a utilização de seringas e agulhas descartáveis durante as vacinações.

Naqueles tempos, também era comum passarem caminhões anunciando a troca de pintinhos por objetos de alumínio.

Empolgada com a ideia e, com a ajuda da mãe, Letícia reuniu várias panelas e tampas, obtendo cinco pintinhos como pagamento.

Felizes com a animação da filha, os pais não se importaram com os novos habitantes do quintal, pois previam que os pintos não sobreviveriam, como é comum acontecer.

Para a surpresa de todos, no entanto, os cinco passaram da fragilidade dos pintinhos amarelinhos para o vigor de cinco jovens galinhas brancas.

Letícia se orgulhava em ver seus galináceos correndo pelo quintal, misturando-se aos cães, que desde o início aprenderam a respeitá-los. Eles batiam as asinhas, ciscavam, corriam e... destruíam as plantas de sua mãe.

Dentre plantas quebradas e hortas destruídas, os pais de Letícia decidiram que era hora de as jovens galinhas seguirem seu destino. Como não teriam coragem de matá-las com as próprias mãos, aproveitaram o fim de semana e levaram para o sítio do Senhor Altino.

Letícia chorou inconformada com aquela situação, mas a mãe lhe garantiu que havia tomado a decisão certa. Primeiro, porque estava perdendo as plantas que cuidava com tanto zelo. Segundo, porque era assim que acontecia com as galinhas. Elas nasciam para servirem de alimento ao homem.

A explicação, entretanto, não convenceu a garota. Para ela, aquilo era uma crueldade, e os pais fizeram uma opção egoísta, ao resolverem enviar as pobres aves para o abate, em defesa das plantas do quintal. Era uma escolha injusta. Afinal de contas, ela havia se apegado aos bichinhos, que cuidara desde bebês, e ninguém se importou com seus sentimentos. Além disso, numa escala hierárquica, não seriam as aves superiores aos vegetais? Por que sacrificar as galinhas para proteger as plantas?

Por vários dias, ela deixou de falar com os pais. Limitava-se a chegar da escola e cumprimentar os cães. Apenas resmungava quando alguém lhe dirigia uma palavra.

Trancada no quarto, Letícia lia. Lia poemas e romances. Escrevia e cantava canções tristes. E lá ficava, muitas vezes deitada na cama, outras arranhando o velho violão que pertencera ao irmão de seu pai, e que lhe foi dado como herança quando o mesmo morreu em um acidente de barco.

Sua música era ouvida pelos pais, que se entreolhavam sem dizer uma palavra. Apenas um estalar de lábios e um balançar negativo com a cabeça.

Mas Letícia não se importava com a reprovação dos pais. A doação das galinhas apenas desencadeou a introspecção que já era um traço muito bem definido em sua personalidade. Ela apenas cantava, com a voz desafinada e os acordes mais ainda:

A triste canção que toca ao longe
Faz mais dolorosa a cruel solidão.
No canto sombrio da minha alcova
Eu choro ouvindo a triste canção.

Amigos, amores – o tempo apagou.
Tudo o que resta é recordação
De dias bonitos, de tardes alegres,
De momentos passados, que não mais voltarão.

Só a desgraça me fez perceber
Que a felicidade é mera ilusão
Pois o que é profundo nunca se acaba
E o que é sincero não sofre tribulação.

Que dor eu sinto e sofro sozinha
Perdida e confusa na escuridão.
Destino cruel, por que me persegues?
Por que feres tanto o meu coração?

Agora me fecho em meu pobre mundo,
Sofrendo saudade e decepção,
Enquanto chorosa, eu ouço bem nítida
A triste letra da triste canção.

Um dia seus pais se cansaram de esperar que passasse seu "exagero" sobre um "assunto besta" e resolveram pedir que o avô lhe arranjasse um canário. Assim ela se ocuparia com a pequena ave, e esqueceria os franguinhos que já haviam se transformado em canja.

Na semana seguinte, Senhor Altino bateu à porta da casa de Letícia e anunciou que havia levado um presente para a neta. Não era o que os pais tinham encomendado, porque ele não conseguiu caçar nenhum canarinho por aqueles dias. Mas era um bichinho também muito especial, que certamente a menina iria adorar.

Qual não foi a surpresa dos pais de Letícia, ao verem que Dona Maria, a avó, até então escondida longe do portão, aproximou-se segurando uma cordinha e, preso a ela, havia nada menos que uma cabrita!

Antes que seus pais tivessem tempo de arrumar um pretexto para recusarem o presente, Letícia abraçou o pequeno animal e conduziu-o para uma apresentação preliminar aos cães, com quem ele dividiria o quintal a partir daquele dia.

A curiosidade inicial dos cachorros fez com que cheirassem, latissem e, em seguida, se escondessem da jovem cabrita, cujos olhinhos assustados revelavam que não compreendia bem o que fazia naquele lugar estranho.

A primeira providência de Letícia era escolher um nome para a cabrita. Seus pais, após o momento inicial de inconformismo com o presente, logo se entregaram aos encantos daquele animalzinho dócil e vivaz.

Embora estivesse com cerca de sessenta dias de vida, Letícia percebeu que a cabritinha ainda gostava de mamar, ao segurar-lhe o dedo com a boca, numa tentativa de sugá-lo, o que lhe arrancou um grito de dor.

Enquanto sua mãe providenciava um leite morno para oferecer ao animalzinho, Letícia refletiu um pouco, decidindo em seguida pelo nome de "Branquinha".

Naquela noite, a contragosto dos pais, Letícia colocou Branquinha para dormir em seu quarto, já que não tinha um lugar seguro da perturbação dos cães para deixá-la no quintal. No entanto, as fezes espalhadas pela casa fizeram com que a mãe condicionasse a permanência do bichinho no quintal a partir do dia seguinte, sob pena de ser devolvida para o lugar de onde viera.

Letícia alimentava a cabra com vegetação, brotos e leguminosas extraídas de uma propriedade que ficava a cinco quadras de sua casa. Também lhe dava ração, mas nada disso evitava que, ao menor descuido, ela comesse as roupas do varal, o que a cada dia foi se tornando um problema maior para a família e motivos para pontapés e baldes de água fria.

Os problemas aumentaram quando Branquinha passou a escalar o muro do vizinho e, por vezes, invadir seu quintal, devorando coisas proibidas, como o caderno de tarefas do filho deixado sobre a mesa.

Naqueles tempos, eu estava me dedicando completamente à jovem Letícia. Sua missão neste plano estava traçada e eu sabia que, através de suas mãos, poderia exercer meu trabalho de proteção aos seres indefesos, cumprindo as Leis Maiores e auxiliando no progresso espiritual da humanidade.

Numa noite, apareci para ela em sonho, com a aparência de um cão negro que perambulava por uma rua estreita no meio da noite, faminto e com frio.

Quando ela me viu, aproximou-se, mas antes dela uns garotos chegaram mais perto de mim e começaram a me atirar pedras, até que eu caísse ferido. Então eles intensificaram a crueldade, tentando atear fogo ao meu corpo. Consegui escapar, com uma parte em chamas, onde Letícia desesperadamente bateu seu casaco, até apagar o fogo.

Então ela me levou nos braços até um local onde me daria água. No caminho, olhei para seu rosto e disse:

- Ajude os animais, Letícia. Precisamos de você para nos proteger.

Quando eu disse isso, seus olhos se cruzaram com os meus e ela encostou o rosto na minha cabeça, enquanto me carregava.

Nesse mesmo instante o despertador tocou, o que permitiu que outros sonhos não se misturassem em sua lembrança, e ela pudesse levar consigo, por muito tempo, a imagem vívida daquele.

- Sonhei com um cachorro, mamãe! – ela falou no mesmo dia, à mesa do almoço.

- Ah, é, filha? – disse a mãe, enquanto enchia a concha de feijão. – E o que você sonhou?

- Com uns meninos pondo fogo no cachorro.

- Nossa, que sonho terrível!

- O cachorro me disse que os animais precisam de mim.

A mãe de Letícia sorriu e concordou:

- Sem dúvidas, minha filha. Você gosta muito de animais. Por isso sonhou com o cachorro falando isso...

- Não, mamãe... Eu quero ter um canil um dia. Vou cuidar de um monte de cachorros da rua. Assim ninguém mais vai judiar deles...

A mãe de Letícia sorriu, enquanto levava o garfo à boca e se dirigia ao filho menor, perguntando como estava a escola.

Branquinha um dia escalou o muro da vizinha mais encrenqueira do bairro e comeu a única camisa social que seu filho tinha para trabalhar. Não demorou a que ela aparecesse à porta de Letícia e uma calorosa discussão, com gritos e xingamentos, fizesse com que seus pais decidissem levar a cabra de volta ao sítio do avô.

Letícia se opôs, dizendo que não abriria mão de sua "filha", e naquela noite fugiu com a cabra.

Quando seus pais deram por falta, iniciou-se uma exaustiva busca, até que a encontraram dormindo embaixo de uma marquise, abraçada à cabra.

No dia seguinte, ambas foram levadas juntas ao sítio do avô. A cabra para morar e Letícia para se despedir.

Foram horas de choro e revolta da menina, que culminaram num aperto em seu braço, pelo pai, que deixou a marca dos dedos, mais um empurrão nas costas, ordenando para que parasse de chorar e voltasse logo para casa, pois ele não tinha mais tempo a perder com aquilo que chamou de "tempestade em copo d´água".

E lá ficou a cabra, olhando Letícia se afastar, sem compreender o motivo pelo qual fora abandonada em um pequeno cercado, onde compartilharia o espaço com mais oito seres da mesma espécie, todos confinados enquanto olhavam para uma imensidão de pasto, como no suplício de tântalo.

CAPÍTULO IX

A juventude de Letícia

Quando Letícia estava na adolescência, seus pais tiveram que se mudar da casa onde moravam, por exigência do proprietário, que solicitou a devolução do imóvel.

Após muita procura, um amigo da família indicou uma casa desocupada que parecia adequada às necessidades de espaço. Letícia foi com o irmão e os pais para conhecerem juntos o lugar. Era um sobrado velho, com algumas peças deixadas pelos antigos moradores.

Logo na entrada da casa, havia uma piscina redonda, com os azulejos esverdeados pelo acúmulo de lodo e um pequeno jardim, com roseiras cujas pequeninas flores coloriam o mato crescido no local.

O azulejo dos banheiros era marrom com flores cinza. Na cozinha, as paredes eram revestidas de azulejos amarelos, tudo contribuindo para o aspecto de antiguidade do local. O piso de assoalho produzia ruídos quando passavam e o teto, ainda com os lustres empoeirados, apresentava pontos de bolor, impregnando o ambiente com o cheiro característico de imóvel que permaneceu fechado por muito tempo.

Na sala ampla havia uma lareira antiga, ao lado de uma parede com uma grande janela que se abria para um jardim no corredor lateral da casa.

A mãe de Letícia não se sentiu satisfeita com a visita, porém o pai, debruçando-se em uma das janelas de veneziana azul, enquanto olhava para o velho pé de laranja plantado logo em frente, sentenciou:

- A casa não é lá grandes coisas, mas uma pinturinha resolve. É o que o dinheiro pode pagar. Amanhã vejo com o Ezequiel o preço da mudança.

O casal de filhos se entreolhou, com ar de insatisfação, enquanto a mãe de Letícia balançou os ombros, em sinal de indiferença. Sua postura alheia a tudo permitia que o marido tomasse todas as decisões da família, sem qualquer manifestação negativa de sua parte, talvez como uma forma inconsciente de não assumir consequências por decisões erradas. O viés disso era a sobrecarga de energia que exauria o pai de Letícia, vez que o cansaço natural de seu trabalho se somava à obrigação de tomar todas as decisões da casa. O resultado era a mais completa intolerância com os filhos, que ao menor sinal de travessura, eram repreendidos aos gritos e xingamentos.

Não tardou para que Letícia encontrasse um novo amigo naquele lugar. Um gatinho amarelo que vivia no porão, ao perceber a presença da menina, foi aos poucos se aproximando e logo estava dormindo com ela às escondidas, já que seus pais acreditavam na transmissão de doença e não permitiriam que o animalzinho fosse colocado dentro do quarto.

Muito embora não pudesse me ver, Letícia sentia a minha presença sempre que se aproximava da velha lareira, onde eu costumava permanecer quando entrava na casa.

Ela não compreendia muito bem o arrepio e atribuía isso internamente a alguma corrente de vento no local. Também não identificava o cheiro de almíscar que eu exalava para chamar-lhe a atenção à minha presença, e acreditava ser algo relacionado à lareira. Tampouco percebia quando eu lhe dirigia passes tranquilizantes; neste momento, limitava-se a aconchegar o gatinho ao colo e tirar um tempo de soneca, sem saber que era eu que havia lhe direcionado energias relaxantes.

Mesmo sem que ela me notasse, eu lhe inspirava sentimentos

de generosidade para com todas as espécies de animais, mesmo aqueles que as pessoas costumam tratar como se não fossem seres vivos que sentem dor e medo.

A grande maioria das pessoas não percebe que até mesmo os insetos se escondem dos seres humanos, temendo serem destruídos com apenas uma pisada forte. Todos os seres que possuem olhos para enxergar e meios de se movimentarem reagem a estímulos externos, seja fugindo, seja atacando para defenderem a própria vida. Porém, o ser humano é soberbo demais para perceber nestes seres vidas que precisam ser respeitadas, individualidades que poderiam ser preservadas e histórias que poderiam ter seu curso normal, até o envelhecimento do corpo e a morte natural.

Aos poucos, Letícia passou a observar estas criaturas. O início foi com os insetos voadores chamados sabitus, machos da saúva, que apareciam sazonalmente na época da primavera. Sua brincadeira preferida era recolher esses pequenos seres, tentando proteger-lhes a vida contra os predadores, colocando-os em latas com terra e folhas e assim tentar mantê-los vivos. Porém, seu empenho era sempre inútil, pois no dia seguinte, um a um, eles iam morrendo, o que nunca fez com que ela desistisse de sua tarefa anual de tentar salvá-los.

Também inspirei nela o amor pela natureza, pelo artesanato e pelas coisas da terra. Um dia, ela resolveu cavar buracos no quintal da casa nova, em busca de argila para moldar pequenos objetos. Até que encontrou um local onde de fato havia argila. Assim ficou durante meses com seu pequeno atelier, onde fazia vasinhos e porta joias, tendo até mesmo um dia feito uma pequena escultura de um homem cujo rosto lembrava o meu. Tal reprodução foi fruto de lembranças vagas das várias vezes em que sonhou comigo, quando eu lhe passava, durante o sono, lições de amor e benevolência pelos demais seres do universo.

Letícia era uma garota inocente, especialmente se comparada às demais jovens de sua idade. Não se dava conta da chegada do tempo de começar a namorar e focava-se unicamente nos estudos e nas brincadeiras solitárias de fundo de quintal, onde passava horas e horas de atividades que para ela eram absolutamente prazerosas.

Também adorava sentar-se na janela de um pequeno depósito que havia no quintal da casa, e lá passava um longo tempo revezando os olhos entre o livro debruçado em seu colo e as nuvens que passeavam pelo céu, sonhando com um futuro promissor, de grande felicidade, onde encontraria alguém para amar verdadeiramente e dividir a vida pela eternidade.

Durante muito tempo em sua adolescência, Letícia ficou depressiva, com pensamentos ligados à morte e a temas mórbidos. Os pais, de pouca instrução, não conseguiam compreender as razões de tanta dor moral, tampouco ela sabia de fato porque sofria tanto. Em vão, tentei fazê-la compreender, em sonho, que aquilo na verdade era uma acomodação espiritual ao mundo físico, uma dificuldade de aceitação da realidade cruel a que os seres humanos são lançados no nascimento, em contraste com a paz do mundo de onde vieram. As pessoas não compreendem isso e acabam se convencendo a adotar tratamentos alopáticos para solucionar uma situação que na verdade é mero transtorno passageiro. Letícia era um espírito iluminado, uma pessoa com sentimentos bons e índole positiva; sua real dificuldade era de fato adaptar-se ao plano terreno durante os primeiros anos de permanência nele, e por isso sofreu tanto durante a infância e parte de sua adolescência.

Com o tempo, Letícia ingressou na faculdade de Letras e, apesar de todas as dificuldades financeiras que por duas vezes a obrigaram a parar o curso, sua determinação fez com que ela finalmente conseguisse concluí-lo, dando, assim, mais um passo rumo ao destino onde as circunstâncias a conduziriam à sua verdadeira missão: a proteção aos animais.

Aliás, ninguém se torna protetor ao acaso. Se cada pessoa que assumiu para si a responsabilidade de amparar os animais sofredores parar para refletir, há invariavelmente uma sucessão de acontecimentos, pequenos ou relevantes, que a conduzem à sua missão, com a qual retornou ao mundo físico. E com a Graça Divina, o número de indivíduos incumbidos de exercerem seu reinado sobre os seres de outras espécies cresce exponencialmente, na proporção em que a Consciência Universal evolui.

De minha parte, acompanhar Letícia nessa trajetória era um trabalho lento, de resultados inexpressivos. Porém, um cão tirado das ruas de um município qualquer não tem menor valor que um leopardo salvo nas matas africanas. Por conta disso, minha missão continuou, agora a nível urbano e com um número menor de seres sob minha custódia, o que trazia o viés de uma dedicação espiritual de maior amplitude.

As pessoas deveriam acreditar que, quando as coisas andam mal, um milagre sempre acontece para mantê-las no caminho. Se o caminho certo for aquela carreira, ou a sobrevivência da empresa, ou prosseguimento dos estudos, nada as tirará dele, a menos que elas desistam durante o trajeto, apenas porque estão vendo diante de si uma montanha que acham que não poderão subir e atravessar. Letícia aprendeu isso quando estava no segundo ano primário. Eram tempos de pouco dinheiro e sua mãe estava preocupada com o fato de não ter como comprar seu material escolar, já que o pai ganhava pouco. E a menina, obviamente ficou desesperada com isso. Em um daqueles dias, no entanto, um milagre aconteceu. Ela, que era uma garota tímida e retraída, teve um momento de molecagem e resolveu não sair da escola pelo portão da frente, e sim pulando a grade lateral. Uma aventura banal, que fez com que encontrasse, no canto da mureta onde havia a grade, uma carteira cheia de dinheiro. Exatamente o que a mãe precisava para comprar seu material escolar. Ela nunca soube quem realmente havia colocado aquela carteira ali, tampouco quem foi que se comunicou, através de seu pensamento, para que mudasse o trajeto. Porém, sempre estive ao seu lado e, especialmente nas dificuldades, promovi pequenos milagres para que ela nunca se desviasse do caminho que havia sido previamente traçado para si.

Para todos os que são merecedores, as coisas sempre acontecem. Seja para evitar o fracasso, seja para lidar com ele e sair da crise. Basta que se esteja realmente disposto a assumir posturas verdadeiramente focadas na mudança.

Os pais de Letícia faleceram quando ela ainda era bem jovem. A mãe, quando ela tinha dezenove anos. O pai, três anos depois, o que lhe causou problemas financeiros maiores do que aqueles que já vinha enfrentando e que motivaram a decisão de se mudar para um município maior, distante dali, onde conseguiu uma oportunidade como professora de língua estrangeira.

Sua vida se tornou um tanto atribulada e, além disso, ela não tinha muito talento para fazer novas amizades. Porém, sua dedicação como professora, inclusive ajudando os alunos fora de sala de aula, renderam-lhe o carinho de muitas pessoas e, dentre pequenos mimos que recebia, como bombons e toalhinhas bordadas, um dia lhe foi oferecido um presente muito especial. Uma de suas alunas, cuja gata siamesa havia dado cria, chegou um dia em seu apartamento com uma caixinha com um lindo filhote. Era fêmea.

Muito embora desde cedo Letícia tivesse um amor especial pelos animais, a correria do trabalho não lhe permitia nada além de instantes de carinho nos cães que encontrava no trajeto entre a casa e o trabalho.

A sensação inicial ao deparar-se com o lindo presente foi de preocupação pela falta de tempo para se dedicar a um animal de estimação, naquela fase em que estava tão focada no trabalho. Porém, recusar um presente oferecido de forma tão gentil não seria uma boa atitude. Então ela resolveu entregar-se ao novo compromisso de cuidar de um filhote, o que no início foi um pouco complicado, pois a fase de adaptação envolvia esconderijos secretos no forro do sofá, cujas pistas eram os odores decorrentes das necessidades feitas ali mesmo, pequenos arranhões na pele causados por carinhos forçados, tecidos da mobília esgarçados e roupas com fios puxados na hora de sair para o trabalho. Porém, nenhum contratempo desta fase se sobrepunha ao prazer dos ronrons altos e das maneiras sempre lindas com que dormia a gatinha a quem Letícia deu o nome de Soja.

Com o tempo, Soja foi adquirindo confiança e ficando cada vez mais próxima de Letícia, até que ambas passaram a dormir abraçadas. Seu ombro foi o lugar que Soja elegeu como o mais agradável para recostar a cabeça.

Além da ração, Soja se alimentava de frutas, como mamão, caqui e fruta do conde, mas seu gosto extraordinário era por pinhão. Ambas se sentavam na frente da TV e devoravam juntas um pote inteiro de pinhão.

Soja se tornara a grande companheira de Letícia. A preparação das aulas agora era feita em voz alta para uma ouvinte muito atenta. Soja não saía do lugar onde Letícia a colocava para ouvir suas longas explicações naquela língua desconhecida por ela. Os filmes e programas de TV também eram sempre assistidos em dupla; na hora do banho de Letícia, Soja se posicionava no tampo do vaso sanitário e ali esperava pacientemente. Quando Letícia se sentava para corrigir provas, Soja aproveitava para dormir em seu colo.

Os animais muitas vezes são instrumentos de que o mundo espiritual se utiliza para falar com os habitantes do plano físico. Letícia precisava despertar de alguma forma para sua grande missão e Soja foi o instrumento de que me utilizei para conduzi-la ao caminho.

O que aconteceu depois de Soja foi que Letícia passou a olhar mais atentamente para os gatinhos abandonados que cruzavam seu caminho no trajeto entre a casa e o trabalho. Cinco meses depois, um novo habitante foi levado para dividir o espaço com Soja.

As pessoas que conviviam com Letícia, inspiradas naquele amor e companheirismo tão grande que havia entre elas, também aprenderam a gostar de gatos e acabaram por adotar o primeiro.

Aliás, sempre se deve falar em primeiro gato; é a forma mais correta. Isso porque as pessoas que não são familiarizadas com estes felinos possuem opiniões pré-concebidas e, na maior parte das vezes, equivocadas sobre o tipo de relação que há entre o gato e o ser humano. Porém, ao adotarem o primeiro, suas características de personalidade exercem um encantamento tão grande nas pessoas que convivem com ele, que o segundo se torna quase uma certeza e o terceiro uma grande probabilidade.

Soja se transformou em uma grande protetora dos gatos. Isso apenas com seus exemplos de companheirismo e carinho, que contrariavam as opiniões equivocadas de todos aqueles que nunca haviam convivido com estes seres de personalidade tão fascinante.

Não somente as pessoas próximas a Letícia passaram a experimentar o gosto pela convivência com felinos, como ela própria pouco tempo depois já estava com cinco.

O amor e a compaixão pelos animais são como a planta que se expande no solo na medida em que é regada. Letícia passou a olhar mais atentamente para os cães com que se deparava nas ruas e acabou por recolher uma velha cachorrinha preta, a quem deu o nome de Noite. Depois veio o Âmbar, um filhote branco de pintinhas pretas. Tinta, um poodle com problemas na patinha foi, enfim, o sinal para que Letícia se mudasse do apartamento para uma casa onde houvesse espaço externo para sua crescente família animal.

CAPÍTULO X

O circo

Enquanto Letícia se ocupava com o crescimento de sua carreira como professora universitária, fui chamado pelo Mestre Nicodemos para me preparar para uma missão de grande importância, onde a ignorância das pessoas, em especial a ingenuidade das crianças, é agraciada por momentos de alegria, aplausos e muitos risos, diante de torturas inescrupulosas e aterradoras para os pobres seres que a elas são submetidos até a morte.

- Irmão Salemo, seja novamente bem-vindo ao lar – cumprimentou-me o Mestre Nicodemos, estendendo-me a mão, ao qual me curvei, com a habitual reverência.

- Soube que estarei incumbido de uma missão de grande importância, Mestre...

- Há sim, irmão. Neste momento, a garota que é por vós assistida encontra-se em um processo de aprendizagem que somente o próprio livre arbítrio deve guiá-la. Por isso, decidi afastá-lo por um período, para uma missão maior e de considerável urgência.

- Submeto-me humildemente a vossa instrução, Mestre.

- Há um grande circo, nacionalmente conhecido, cujas atividades precisam ser urgentemente banidas, de modo que ele possa servir de referência para os demais, que se encontram espalhados pelo país afora.

- Não compreendo a razão, Mestre...
- Será apenas uma ação isolada, porém de inigualável importância, que precisa ganhar destaque nas manchetes internacionais, para que sirva de exemplo a outros países.
- Seguirei de bom grado a todas as instruções...

Por um tempo, permaneci diante de meu mestre, ouvindo atentamente cada detalhe acerca da conduta que eu deveria assumir, desde minha chegada no circo, até as gradativas providências que eu deveria tomar, para que o objetivo final pudesse ser alcançado.

Cheguei durante o primeiro espetáculo. No palco, um homem vestindo um terno colorido e com uma cartola na cabeça anunciava alegremente a chegada dos ursos dançarinos, do poodle que andava sobre duas patas e também sobre uma bicicleta, do elefante que fazia uma sequência de performances aparentemente inteligentes, do macaco vestido como uma criança, do tigre que saltava por dentro de um arco incendiando, tudo isso se intercalando com a entrada de alegres palhaços e com o auxílio de belas mulheres com corpos torneados.

Os adultos vibravam e as crianças riam felizes. A cada explosão de aplausos, eu podia sentir os corações daqueles pobres seres escravizados saltarem dentro do peito, com o susto contido pelo medo que a presença de seus algozes lhes causava. Em seus olhos, era tão nítido o aterrador sofrimento, que a todo instante eu me perguntava como aquelas pessoas não percebiam que não havia nada além de muito terror e desgraça sendo expressos na fisionomia de cada animal, durante as apresentações que a meus olhos pareciam muito mais cenas de terror do que alegres espetáculos circenses.

O tempo que aquilo durou, para as pessoas presentes não representou a eternidade que parecia para os pobres animais, amedrontados e ao mesmo tempo entregues à maldição que a tortura os submetia.

Após cada cena, eles eram levados de volta à jaula, onde iam sendo empurrados aos chutes e ajeitados com fincadas dos paus que ficavam nas mãos de seus adestradores, quando já estavam longe dos olhos do público.

Eles estavam exaustos e o espaço era pequeno. Não tinham para onde caminhar e nem forças para desejarem isso. Apenas se recolhiam com os olhos tristes e a angústia de se saberem presos a um inferno para o qual somente a morte representaria o fim.

O pobre cãozinho foi o último a ser conduzido ao interior do local. Ele tentou escapar, mas um chute o lançou para longe da presença do algoz, indo se encolher debaixo de uma mesa. Apenas ouvi seus gritos e corri para tentar acalmá-lo, enquanto lambia a perna dolorida.

Ao ver minha aproximação, ele latiu assustado, pensando tratar-se de mais alguém que o maltrataria. Porém, fui chegando com cuidado e, acariciando sua cabeça, pedi para que confiasse em mim, e que nenhum mal eu lhe faria.

Ele me olhou nos olhos e, em pensamento, pediu para que eu o livrasse daquele inferno. Pude sentir a angústia em seu peito e, externamente, as evidências dos maus tratos. Os pelos eram opacos, os dentes desgastados e frágeis e o corpo magro. Apesar dos esforços que o treinamento exigia, a alimentação era ruim e escassa. Percebi que em uma pequena caixa de transportes havia outro cãozinho, o qual não sei por que razão foi poupado das apresentações naquele dia. Talvez eles se revezassem. Seus olhos eram tão tristes que dentro de mim senti que novamente me veria diante de sofrimentos que me marcariam por toda a eternidade.

Pouco a pouco, o circo ficou vazio. No chão, apenas muita sujeira deixada pelo público e uma grande névoa de energia pesada, que nem mesmo toda a alegria contagiante daquelas pessoas poderia dispersar, ante o sofrimento muito mais profundo dos seres expostos à tortura e humilhação durante aquele tempo sem fim.

Aproximei-me da jaula dos elefantes. Eram quatro no total, três fêmeas e um macho. Todos eles possuíam marcas pelo corpo, algumas ainda em carne viva, onde moscas assentavam a todo o momento. Alheios à própria força e tamanho, eles evidenciavam a submissão conquistada com violência e tortura. Ao lado, dois ursos deitavam-se um próximo do outro, dividindo o pequeno espaço da jaula, nos quais pude observar que não havia garras e, além disso, apresentavam sinais de queimaduras provocadas pelo treinamento para andarem sobre duas patas. Também lhes haviam sido arrancados os dentes e no pescoço eram evidentes algumas cicatrizes provocadas pelo uso de cordas. Um deles não possuía o olho direito, mas apenas uma cicatriz onde presumo ter sido fincado algum instrumento de tortura. O outro tinha o nariz quebrado, coisa que eu suspeito que o primeiro também, embora nele a deformidade não fosse tão evidente. Até mesmo seus órgãos genitais possuíam marcas de queimaduras. Quando um deles abriu a boca, percebi que parte de sua língua também havia sido cortada.

Imaginei em que condições os tigres aprenderam a saltar por dentro dos arcos incendiados, mas a resposta veio quando percebi que havia cicatrizes de queimadura em suas testas. A dor causada pelo fogo lhes era apresentada em forma de tortura ao serem domados, para que soubessem se proteger enquanto saltavam pelo arco, de modo a proporcionar à plateia o espetáculo de desenvoltura e precisão que tantos aplausos provoca.

Percebi nos macacos que alguns apresentavam problemas mentais, não correspondendo ao estímulo que eu lhes provocava, enquanto balançavam de um lado para outro na jaula, aos gritos. Somente se calavam quando o treinador aparecia e os estapeava, mandando calarem a boca.

Pus-me a imaginar em que condições aqueles pobres seres de vida selvagem haviam sido capturados, ou se todos eles nasceram em cativeiros. Nenhum deles se comunicava comigo, o que achei estranho. Todos eram silenciosos e tristes. Nem mesmo entre eles havia comunicação. De todas as situações de horrores causados em animais, foi a primeira vez em que percebi que as torturas lhes tiraram a capacidade de se comunicarem.

Tentei buscar um diálogo com os ursos, mas permaneceram cabisbaixos. Insisti com os elefantes e depois com o tigre. Nem tentei com os macacos, pois eles sequer notaram a minha presença, de tão excitados que estavam dentro da jaula, como se não conseguissem ficar parados.

Então me posicionei à frente de cada uma das jaulas e repeti:

- Eu vim para salvá-los. Peço-lhes que confiem em mim e que acreditem que em breve vocês serão libertados.

Alguns me olharam incrédulos. Outros aparentemente nem ouviram o que eu disse. A apatia era geral. E a tristeza contagiante.

Notei, alguns momentos depois, a aproximação de várias entidades dos mundos inferiores, rindo e dando ordens debochadas aos pobres animais.

- Seres imundos! – exclamavam com ironia. – O que vocês estão passando aí é pouco... Nós sofremos muito mais e não ficamos com essa cara de desgraçados como vocês.

- Afastem-se daqui! – ordenei. – Deixem-nos em paz!

- Quem é você, imbecil? – questionou o espírito de uma mulher, aparentando estar alcoolizada.

- Sou o espírito que veio para devolver dignidade a estes pobres seres.

- E porque não ajuda aos seres da sua espécie, egoísta? – falou a mulher, com expressão de fúria. – Nós precisamos da sua ajuda, e você vem ajudar estes animais fedorentos e inúteis?

- Eles são vítimas, minha irmã. Não têm escolha. Vocês vivem nesses mundos sombrios por livre arbítrio.

- Livre arbítrio? - gritou a mulher. – Olha o que este imbecil está falando! – exclamou, enquanto chamava por um homem de terno cinza escuro e chapéu de camurça.

- O que você está falando, canalha? – esbravejou o homem. – Quem disse que queremos habitar estes mundos? Eu não quero! – gritou alto. – Isso é o que você chama de livre arbítrio? Eu digo que não quero e continuo no mesmo lodo... Seu calhorda mentiroso!

- Para que vocês possam se libertar, precisam primeiramente aceitar a Redenção e crerem na Superioridade de Nosso Criador, como também em sua infinita Misericórdia.

- Que criador? Que superioridade? – gritou o homem. – Um deus que mantém seus filhos na escuridão não pode ser considerado Criador. Ele é um monstro, isso sim. E estes seres imundos que ele criou precisam mesmo continuar sendo escravizados por esses ignorantes gananciosos, que acreditam que o maldito dinheiro que os otários da plateia pagam irá lhes adiantar de alguma coisa quando forem para o mundo das trevas.

- Que Deus tenha misericórdia de suas almas! – exclamei. – Mas agora, em nome de Jesus, eu os expulso daqui! Saiam agora, eu ordeno!

Alguns me obedeceram, porém outros não. Eram muitos. E muitos outros se aproximavam. O circo parecia ser o local mais assediado por seres de mundos inferiores dentre todos os lugares onde a maldade humana subjuga os animais.

Porém, sentindo minha necessidade de auxílio, Mestre Nicodemos enviou alguns anjos de luz até ali que, unidos a mim, conseguiram dispersar todos os intrusos, o que serviu para minimizar a pesada energia que tornava o local ainda mais deprimente.

Com isso, os animais puderam descansar, sem serem incomodados pelos espíritos das trevas, enquanto eu preparava o plano para libertá-los.

No dia seguinte, ao acordarem, dirigi-me ao velho elefante, que me disse se chamar Dinho, e orientei-o sobre o que deveria fazer para me ajudar na libertação de todos.

- Mas eu não posso fazer isso! – falou relutante. – Eles não nos perdoarão.

- Confie em mim, meu irmão – eu disse. – Fui enviado pelos mestres do mundo superior para ajudar vocês. Não há outra forma de acabar com a exploração de vocês. Obtive Autorização Suprema para sacrificar a vida do seu tratador e você só precisa fazer exatamente aquilo que eu lhe disser.

Dinho ficou assustado com a ideia de atacar seu tratador. E mais ainda com a instrução para pisoteá-lo até a morte. Era, porém, uma necessidade. Não haveria outra forma de chamar a atenção das autoridades, para que conduzissem uma investigação naquele lugar.

Naquele contexto, a morte de um ser humano seria necessária para um fim maior. E não seria a única. A ordem era de que no dia seguinte uma criança fosse morta, para que a soma de ambos os incidentes pudesse chamar a atenção das autoridades.

A intervenção das entidades superiores no mundo físico às vezes é inevitável. E em alguns casos, somente sacrificando algumas vidas é que se pode chegar a um bem maior, que conduzirá à evolução da própria humanidade, a qual permanece na ignorância até que algo de muito grave vire notícia.

Tudo estava devidamente preparado quando o tratador chegou. Para auxiliar a ação de Dinho, afrouxei alguns elos da corrente que prendia seus pés, de modo que bastaria que ele os puxasse com força, para se soltar facilmente.

E foi o que aconteceu. Dinho arrebentou a corrente quando o tratador se virou para depositar alguns vegetais no canto do local. Ele não percebeu e abaixou-se, sendo atirado ao chão e pisoteado até a morte. Dois outros tratadores vieram em seu auxílio e não tiveram tempo de torturar Dinho. Tentaram socorrer o colega, mas naquele momento ele jazia ensanguentado e quase sem vida. Morreu a caminho do hospital.

Dinho ficou aterrorizado sabendo o que o aguardava. No momento do ataque, apenas prenderam-no novamente. Porém, ao retornarem, agrediram-no com uma barra que tinha um espeto na ponta, sem piedade. Prometi que atenuaria sua dor e assim o fiz, com a ajuda de dois irmãos. Nós o preparamos antes, através de uma espécie de hipnose, para que não sentisse a dor no momento em que fosse agredido. Depois da agressão, nós três o envolvemos com passes, até que pudesse suportar as consequências físicas da agressão.

Ele nos agradeceu, muito embora permanecesse incrédulo quanto ao resultado do ataque. Os outros animais estavam todos assustados.

O tigre seria o próximo a atacar. A criança que lhe serviria de vítima já havia se preparado, antes de encarnar, para aquele momento. Era um espírito protetor, que decidiu expor-se a tal provação para que pudesse auxiliar na libertação dos animais escravizados. Eu o conhecia de muitos séculos, mas não o reconheceria no corpo de menino, não fossem os cabelos ruivos que vi na plateia no momento em que ele chegou com os pais, e que era uma marca característica em suas encarnações.

Quando o tigre entrou em cena com seu domador, os elos da corrente já estavam preparados por mim. Em apenas alguns segundos ele conseguiu escapar e correu em direção ao menino, sentado na fileira próxima, matando-o sob o olhar aterrorizado de todos os presentes. A mãe desmaiou e o pai entrou em choque. Havia um policial no local, que sacou uma arma enquanto o dono do circo também preparava a espingarda. O terror durou poucos minutos. Instantes depois, vi o garoto sorridente caminhar em minha direção, acompanhado do tigre que o seguia com a mesma docilidade de um gatinho doméstico.

- Bom trabalho, garoto! – exclamei, acariciando a cabeça do tigre.

Ele ronronou para mim, enquanto o menino batia no peito, orgulhoso:

- Não vai me elogiar também? – perguntou, enciumado. – Antes de encarnar, preparei-me durante muito tempo para este momento. Pena que quando vim para cá hoje não tinha consciência do que iria acontecer... Porém, sinto que estamos diante de um grande passo para a libertação destes irmãos...

Eu sorri, abraçando-o:

- Você foi ótimo, menino! Muito embora não tivesse consciência de sua missão, já que a memória não nos permite isso enquanto encarnados, notei que você permaneceu imóvel, diante da aproximação do tigre, como se a esperar pelo ataque.

- Não temos consciência, irmão – falou o menino – mas temos intuição. No íntimo, eu sempre senti que haveria algo de extraordinário que me permitiria contribuir para a libertação dos animais e para a evolução da humanidade. Hoje, ao sair de casa, algo dentro de mim me fez crer que seria um dia muito especial. Se você quer saber, em momento algum senti medo desse gato grande!

O garoto então abraçou o tigre, que retribuiu oferecendo-lhe a grande pata. Então vieram alguns guias e os levaram dali.

Quando olhei para dentro do circo, havia uma desordem geral, com pessoas gritando ao redor dos destroços das vestes físicas do garoto e os policiais lavrando o boletim de ocorrência. No mesmo dia, o grande circo entraria para os noticiários internacionais, com dois incidentes mortais que causariam o fim dos horrores que durante tantos anos permaneceram disfarçados de alegria.

Na manhã seguinte, foram enviados dois fiscais até o local, encarregados de investigar o tratamento que estava sendo oferecido àqueles animais. Não demorou a que os sinais de tortura ficassem evidentes com as marcas que todos eles possuíam em seus corpos. Como também a escassez de alimentação e a sujeira que os obrigava a dormirem sobre os próprios excrementos. O Ministério Público foi acionado. Dias depois, uma liminar ordenou que todos os animais fossem conduzidos a um santuário e o dono do circo foi multado com uma quantia que nem mesmo durante um ano de apresentações diárias poderia pagar. Também foi processado criminalmente pelas duas mortes e compelido a não mais utilizar animais em seus espetáculos. A notícia se espalhou e diminuiu consideravelmente o público nas apresentações circenses que tinham animais. Muitos municípios criaram leis proibitivas e com o tempo também alguns Estados. Vários circos resolveram suprimir a utilização de animais. E, ao menos naquela região, os circos com animais entraram em decadência.

Fiz questão de estar presente no momento da libertação de meus amigos. Muito embora tenhamos tido um breve período de convívio, passei a amá-los como amei a todos aqueles a quem conheci ao longo de minha trajetória.

Para minha surpresa, não houve exaltação nem alegria. Apenas alívio. Em seus espíritos, não haveria paz enquanto não fossem libertados da prisão de seus corpos e pudessem ser felizes como o tigre. Já estavam tão cansados e desgastados pelo sofrimento ao longo dos anos, que alguns deles chegaram a morrer em pouco menos de um ano após serem libertados.

Os dois cãezinhos foram entregues a uma ONG, que os encaminhou para doação. Ambos foram adotados por uma família maravilhosa, porém um deles morreu dois meses depois. O outro ainda conseguiu desfrutar das regalias que a nova vida lhe proporcionou por mais quatro anos.

Muitos benefícios foram alcançados com aquela intervenção.

Porém, ainda há muito que se caminhar para que todos os que compartilham do mesmo solo possam ser tratados com igual respeito.

Com a evolução dos padrões éticos na sociedade moderna, a escravidão humana foi banida, porém aqueles seres que não possuem voz para protestarem, nem consciência política para votarem, continuam sendo explorados até hoje.

O certo é que se o homem é capaz de praticar barbáries contra seus próprios semelhantes, maior frieza revela quando explora, tortura e massacra os animais. A escravização, seja para a exploração do trabalho ou para se extraírem produtos de consumo, mostra-se como uma prática natural nas sociedades humanas, onde se desconsidera o sofrimento quando se tem como contrapeso a vantagem econômica.

Lembremo-nos de que todos, mesmo aqueles que não consomem carne, ou não se utilizam de produtos de origem animal, ou produzido mediante testes em animais, pertencem à espécie humana, e a conduta perversa de nossos semelhantes interfere no progresso espiritual da Humanidade, da qual faremos parte até que individualmente possamos atingir o progresso moral necessário para não retornarmos a este plano nas próximas encarnações.

Todos os animais que com os homens dividem o solo terrestre possuem espírito, com a evidência estampada em seus olhos tristes por detrás das grades onde são mantidos prisioneiros, durante toda uma vida, como pude perceber nos meus pobres irmãozinhos que perderam a alegria de viver naquela escravidão circense.

Como os humanos, eles sentem frio, tristeza e desejariam poder desfrutar da liberdade que lhes foi roubada pelos seres humanos. Mesmo os mais selvagens e perigosos, diante da crueldade humana são apenas criaturas indefesas. Ao atacá-los para tirar-lhes a pele, ou para utilizá-los como alimento ou como escravos, o ser humano age de forma covarde e repulsiva.

Tanto o pequeno animalzinho como o grande, são

igualmente indefesos. Os que podem oferecer resistência são alvejados com armas de fogo e presos sob tortura até se entregarem às ações de seus algozes. Os demais são mortos de forma mais lenta e cruel. A constante nessas situações é que invariavelmente o homem reafirma sua covardia e precariedade de valores.

Já ouvi muitos encarnados afirmando, com convicção, que este contexto é natural, e que os animais foram criados por Deus para servirem ao homem.

Essa é uma das grandes razões desta classe de espíritos que compõe a humanidade encarnar neste planeta de doenças, catástrofes e toda a sorte de infelicidade.

Enquanto cada indivíduo não atingir a consciência pura e justa que o faça respeitar a todos os seres criados pelo Grande Mestre, enquanto os mais fracos forem vítimas dos mais fortes e cruéis, não haverá progresso espiritual e, consequentemente, a felicidade será um bem inatingível pelo homem.

Enxergar Deus em todas as suas criaturas ainda é um desafio aos que povoam a orbe terrestre. Apenas aqueles que conseguirem serão os eleitos. Enquanto isso, o sofrimento que se impinge aos mais fracos se refletirá na vida atual e no futuro dessa geração de almas aqui encarnadas.

CAPÍTULO XI

Novos desafios

Segundo a Bíblia, "a corrida não é para os ágeis, nem a batalha para os bravos, nem o pão para os prudentes, nem a riqueza para os inteligentes, nem o favor para os sábios, porque todos estão à mercê das circunstâncias e da sorte. O homem não conhece sua própria hora" (Livro dos Eclesiastes, capítulo 9, versículo 11).

Fé e perseverança, mesmo nas fases difíceis, são elementares para se prosseguir com destemor diante das circunstâncias da vida.

O início da nova fase na vida de Letícia foi difícil e desesperador.

Após mudar-se para a casa nova, ela acabou acolhendo outros animais e suas despesas aumentaram exponencialmente. Porém, a faculdade onde lecionava teve um problema jurídico e entrou em crise. Muitos professores foram demitidos e cursos encerrados. Nesse contexto, ela ficou sem trabalho.

Estive o tempo todo ao seu dela, e muitas vezes cheguei a lhe acariciar a fronte, enquanto se entregava ao pranto sobre o sofá da sala, sem saber o que fazer para sobreviver e sustentar seus animais.

Por não ter uma associação constituída juridicamente, não poderia contar com a ajuda de terceiros. Em contrapartida, não se sentia à vontade para requisitar auxílio financeiro, já que houvera assumido sozinha a responsabilidade sobre eles, que não se encontravam ali à espera de um lar temporário. Eram dela, como verdadeiros filhos.

Procurei inspirar-lhe sentimentos de esperança e fé, pois aquela era uma fase necessária para que sua vida ganhasse um novo propósito e as conquistas finalmente fossem definitivas.

Ao desapegar-se da busca incessante pelo status profissional e pelo sucesso financeiro, Letícia abriu as portas para que o sentido real de sua existência começasse a surgir diante de si, desta vez de forma clara e possível, sem o véu com que o cobriam a falta de tempo e os interesses ilusórios.

Com isso, minha missão de auxiliá-la na proteção dos animais expostos a risco finalmente poderia se efetivar, o que gradativamente ocorreria através dos momentos de meditação e oração a que ela passou a se entregar com frequência, em busca de proteção divina, a qual ela já possuía, sem que soubesse, através de mim.

Com o tempo, eu mostraria a ela o caminho certo para que pudesse conseguir um trabalho remunerado, não mais através da obsessiva luta pelo sucesso profissional, mas desta vez com uma atividade leve e prazerosa, que lhe permitiria poder aproveitar diariamente o carinho que seus animaizinhos lhe ofereciam, o qual outrora sequer era aproveitado, restringindo-se sua atenção apenas aos momentos de prestar-lhes cuidados nos curtos intervalos de folga que a profissão lhe permitia.

Também a inspirei a abandonar o consumo da carne.

Nos dias atuais, as pessoas têm sentido de forma crescente as consequências de variados danos no corpo físico, como doenças cardíacas, dores, reações alérgicas, problemas gástricos..., Mas nem se dão conta de que podem ser as únicas responsáveis.

A todo o momento polui-se o organismo, ao serem ingeridas bebidas alcoólicas e consumidos cigarros e alimentos de origem animal.

Também se impregna o corpo de energias fluídicas negativas, ao enfeitá-lo com adereços que se originaram das peles de nossos semelhantes, extraídas à custa de dor e sofrimento.

Letícia não consumia bebidas alcoólicas e cigarros e aos poucos abandonou a alimentação destrutiva. Com isso, seu organismo foi recuperando as energias tão desgastadas ao longo de seus sofridos anos de luta.

Um dia, fiz com que ela se deparasse com um texto que aconselhava a pessoa a sempre oferecer seu alimento ao Criador. A oração antes das refeições, com a oferenda do alimento a Deus, protege o organismo de doenças que porventura possam ser transmitidas quando ele for ingerido.

Aos poucos, eu ia preparando Letícia para uma vida de harmonia entre seus valores e sua conduta, inspirando-a a abandonar o consumo de produtos carregados das energias de angústia e sofrimento dos animais usados em testes, conscientizando-a de que a beleza que tais produtos proporcionam é passageira, mas as consequências internas poderão acarretar doenças futuras, advindas do desequilíbrio causado pelas energias emanadas dos que padeceram durante seu desenvolvimento.

Somente com o corpo saudável, Letícia estaria pronta para purificar a alma e elevar o pensamento para a plenitude de seu Eu Superior, de modo que pudesse encontrar a força de que necessitaria para difundir a prática da compaixão pelos seres indefesos.

Esse processo de preparação, porém, seria demorado e muitos contratempos ainda aconteceriam, antes que ela estivesse forte o bastante para poder enfrentá-los sem deixar que suas energias se esvaíssem.

Um desses reveses aconteceu com o vizinho que morava ao lado. Dos vinte cães que viviam no quintal da casa de Letícia, a grande maioria possuía sequelas de maus tratos e já se encontrava em idade avançada; não eram cães do tipo "adotáveis". Por outro lado, ela já os tinha há algum tempo e estava apegada a todos eles. Não tinha intenção alguma de doá-los, nem mesmo diante da crise financeira que já lhe tirava o sono com a iminência de chegarem ao fim as parcas economias que conseguiu destinar ao sustento deles, até que encontrasse o novo caminho profissional que deveria trilhar.

O vizinho não gostava de animais. Tampouco de barulho. Antes as reclamações eram raras; quase nunca alguém reclamava e, quando o fazia, era durante uma conversa. Porém, este já não era tão tolerante. Os latidos noturnos o incomodavam e as brincadeiras barulhentas pela manhã o deixavam irado.

No início, ele se limitou a reclamar alto dentro de sua própria casa, em tom suficiente para ser ouvido por Letícia. Ela, por sua vez, ralhava com os cães e os fazia silenciarem.

Aos poucos, as reclamações se transformaram em xingamentos, não raro acompanhados de palavras impudicas. Também nessas ocasiões, Letícia chamava a atenção dos cães, e os fazia pararem o barulho.

Até que o vizinho um dia bateu em sua porta. Ao atendê-lo, Letícia estremeceu, sentindo que seria ofendida. De fato. O vizinho reclamou dos cães e a ofendeu moralmente. Por fim, ameaçou denunciá-la à prefeitura.

Letícia já estava debilitada pelos problemas financeiros e a situação com o vizinho agravou seu quadro depressivo, deixando-a confusa e sem saber que rumo tomar.

Por ter se mudado de sua cidade natal, não tinha amigos. Os poucos colegas de trabalho demonstraram, com a demissão da universidade, que não havia com ela vínculo além do interesse profissional; quando as circunstâncias os afastaram, eles se afastaram para sempre.

Ela acreditava-se sozinha, mesmo eu estando ao seu lado de forma constante para prepará-la para a missão; porém, todas as vicissitudes que a deprimiram estavam a adiar o trabalho.

O vizinho não se contentou com as agressões verbais. Resolveu agir de forma covarde e cruel. Um dia, pela manhã, Letícia levantou-se e se deparou com o cãozinho Âmbar convulsionando. Ao correr para socorrê-lo, ela viu outros dois na mesma situação e, aos fundos do quintal, a cadelinha Tinta jazia sem vida.

Desesperada, Letícia ligou para a veterinária, mas quando esta chegou, nada pôde ser feito. O último que ainda aguentou, morreu durante o transporte.

Soluçando, ela bateu à porta do vizinho, mas ninguém atendeu. Bateu novamente e nada. Até que, ao olhar para trás, deparou-se com ele chegando do supermercado, as mãos carregando várias sacolas e a expressão de aparente surpresa.

- O que foi? – perguntou, olhando-a nos olhos.

- Meus cachorros... – sussurrou Letícia, em meio a lágrimas.

- Seus cachorros? Ah, nossa... Hoje eles estão quietinhos, não é? Que bom...

- O senhor jogou veneno para eles?

- Eu? Imagina... – negou o homem, cinicamente. – Devem ter latido tanto, que acabaram se sufocando...

- Seu monstro!

Letícia conteve o impulso de agredir o homem. Seu porte físico a inibiu e a certeza de que ele não hesitaria em revidar a fez baixar a cabeça, saindo às pressas, com o desejo de vingança ardendo-lhe no peito.

Porém, a tristeza a consumiu de tal forma, que abafou a emoção da raiva.

Mal sabia a felicidade que tomou conta das quatro criaturas recém-desencarnadas. Enquanto ela chorava no sofá, eles pulavam sobre seu corpo e latiam felizes, sem perceberem a condição espiritual em que se encontravam. Para eles, o sofrimento que antecedeu à morte já havia passado e o que lhes importava era apenas chamar-lhe a atenção, para que sua tristeza se dissipasse.

Letícia, porém, não compreendia a espiritualidade dos animais e sua dor se prendeu à crença de que eles haviam deixado de existir, enquanto Tinta tentava a todo custo puxar seu cabelo e Âmbar lambia sua orelha.

Vez ou outra, ela coçava a ponta da orelha ou arrumava o cabelo, sem nada perceber.

Eu ali os deixei até o anoitecer, quando então teria de levá-los para o período de convalescença que antecederia a reencarnação sete dias depois.

Quando chegou a hora, Letícia ainda chorava. Tive

que persuadi-los com brinquedos ilusórios, para que me acompanhassem, sem que com isso eu lhes tirasse a alegria que a inocência animal lhes fazia irradiar.

Alguns animais sofrem a dor da partida, em especial os que são muito apegados ao dono. Outros, porém, como aqueles que já sofreram maus tratos durante muito tempo, sentem a leveza de se despojarem das vestes desgastadas e a dor que antecedeu ao desencarne é logo esquecida; apenas as energias desgastadas pelo perecimento da matéria precisam ser recobradas para que possam finalmente ser reconduzidos ao mundo físico, o que ocorre no oitavo dia da morte do corpo.

Sete dias são suficientes para que os animais retornem ao plano físico, já que não necessitam, como os humanos, de tempo longo para a expiação das faltas cometidas e para o aprendizado antes da próxima encarnação, com a oportunidade de arrependimento de erros cometidos.

Antes de sete dias do nascimento do animal não há, portanto, espírito ligado ao feto por laços fluídicos. Aqueles que forem designados para habitar o corpo, e que desencarnaram sete dias antes, nascerão novamente. Se eventualmente algum animal nasce sem espírito designado, não chegará a viver no plano físico, sendo instantaneamente devorado pela mãe no exato momento em que deixar o útero.

Não há nos animais, ao contrário dos humanos, perda da memória quando reencarnam em novo corpo. O amor que sentiam pelo antigo dono permanece, como também subsiste a lembrança daqueles que os maltrataram, sendo frequentes os casos de animais que não se simpatizam com determinada pessoa, sem que se compreenda o verdadeiro motivo, o qual muitas vezes pode estar relacionado a uma encarnação anterior deste animal, em que algo de ruim lhe foi imposto por aquele indivíduo.

É sabido que os seres humanos, além de dotados de inteligência e raciocínio lógico, possuem dois tipos de emoções: as positivas, como felicidade, amor, paciência, dentre outras e as negativas, como o ódio, a tristeza, a preocupação etc.

Os animais não possuem essa variedade de emoções. Porém,

é possível identificar, pelo comportamento deles, emoções básicas como o medo e a tristeza se contrapondo com a alegria e o amor. As piores emoções, as mais destruidoras, como a raiva, o ciúme, a inveja, a ansiedade, a preocupação e a hipocrisia não se manifestam em nenhum outro animal além do homem. Algumas delas as pessoas até creem estarem presentes, por não saberem distinguir emoção de reação instintiva. Por isso chamam de ciúme, por exemplo, uma reação defensiva do animal.

Os animais não são vingativos, não acumulam mágoas e tampouco mascaram seus sentimentos e suas emoções através da hipocrisia. Possuem reações ligadas apenas ao instinto de proteção e sobrevivência e manifestam de forma desinibida a alegria diante da chegada do dono e do amor incondicional e sem as manchas da mágoa acumuladas ao longo do tempo.

Todos os mamíferos possuem espírito e no plano físico carregam consigo a missão de servirem de vitrines para inspirar o homem em seu processo evolutivo. Este é o maior exemplo a ser seguido pelo homem: livrar a alma de sentimentos rancorosos e, com isso, libertar-se da manifestação de emoções negativas para que, ao evoluir, seja capaz apenas de manifestar a grande lição do Criador, ensinada pelo Mestre Jesus: o amor incondicional pelo próximo. E quem está a ensinar isso aos homens a todo o momento são exatamente aqueles que se acreditam serem inferiores aos humanos. Ilusória a crença na superioridade humana! O homem sequer é capaz de distinguir aquilo que até mesmo os seres que considera irracionais do ponto de vista da ciência já nascem dominando melhor que todos: a ausência de emoções destruidoras e a supremacia do amor nas relações.

E foi assim, sem rancor ou sentimento de vingança, que os quatro cães desencarnados me acompanharam, latindo e correndo.

Letícia, porém, era humana. Seu coração fervilhava no desejo de vingança, enquanto as torrentes de lágrimas molhavam o travesseiro que ela estava dividindo com a companheira Soja. Ali adormeceu, embalada pelos ronronados da gatinha, que acabaram acalmando suas emoções até o amanhecer do dia seguinte, quando o barulho dos outros cães a fizeram movimentar-se, temendo nova desgraça.

◆ ◆ ◆

Com o passar dos dias, a tristeza de Letícia foi sendo aplacada. Inspirei-a para se dedicar com maior disciplina à prática da meditação, a fim de que as pesadas energias que adquirira ao longo do tempo fossem se dissipando. Antes de meditar, ela orava; após orar, lia um texto.

Isso se tornou um hábito diário, que ela exercia sempre na mesma hora do dia, após banhar o corpo e se preparar para a purificação da alma.

O estado mental de Letícia foi melhorando aos poucos. Durante seu período de meditação e oração, eu lhe dirigia passes, e isso acelerou seu processo de cura espiritual.

Letícia estava destinada a ser protetora não apenas dos inúmeros animais que acolhera como seus. Sua missão ia muito além e eu estava lá, ao seu lado, para auxiliá-la a alcançar os meios de cumpri-la.

Todas as noites, inspirei-a a orar pelos animais com quem coabitava, deixando com que sua energia fluísse em ondas de amor, intensificando seu desejo de proteger-lhes e, ao mesmo tempo, envolvendo-os em uma atmosfera de paz e proteção.

Também a orientei, em sonhos, para que orasse por todos os outros espalhados pelo planeta, a fim de que a Providência Divina os guiasse e protegesse contra a crueldade humana.

A "oração de boa noite aos animais" lhe foi transmitida por mim, em pensamento, para que diariamente ela a praticasse.

Eis as palavras que Letícia pouco a pouco foi aprimorando durante o recolhimento noturno, que precedia o seu descanso:

"Ao Deus Misericordioso, que criou todos os seres que habitam o planeta, para que pudessem coexistir harmonicamente com a Humanidade, e ao meu guia espiritual, que protege todos os animais que comigo moram nesta casa, peço humildemente que guardem o sono destas inocentes criaturas, afastando delas todos os males noturnos e permitindo que repousem com segurança e tranquilidade, para que possam saudar a manhã vindoura com a alegria contagiante de todos os dias.

Que seus sonhos sejam tranquilos e que seu espírito possa se deslocar para esferas de beleza e paz durante o desprendimento noturno.

Assim seja".

Sua real missão teria início no dia em que a grande oportunidade bateu à sua porta, segurando um cãozinho sarnento em um braço e uma sacola com ração no outro.

CAPÍTULO XII

A missão

- Preciso de sua ajuda, amiga – disse Fabiana, abraçada ao cãozinho.
- Entre, querida! – exclamou Letícia, abrindo mais a porta e dando passagem à garota. – Quem é essa fofura? – perguntou, acariciando o pequeno cão sarnento, que se encontrava completamente assustado pelo barulho das dezenas de latidos simultâneos, além de uma incontável demonstração de hostilidade por alguns dos gatos mais ariscos da casa, em especial, é claro, a temperamental Soja.
- Acabei de encontrar esse cachorrinho, Letícia – explicou a garota. – Eu estava passando com meu carro por uma estrada e me deparei com ele, evacuando no meio da pista, completamente desidratado. Não hesitei em colocá-lo no carro e levá-lo para a casa. Porém, nem havia acabado de entrar, quando meu pai sentiu esse cheiro forte da sarna e me obrigou a colocá-lo de volta na rua...
- Pobrezinho... – falou Letícia. – Precisamos arrumar um lugarzinho aqui para tratá-lo, de forma com que não passe a doença para meus outros cães.
Fabiana abriu um sorriso, enquanto exclamava:
- Então quer dizer que você vai ficar com ele aqui?
- Temos outra opção? – perguntou Letícia, encarando-a nos olhos.
- Vamos cuidar dele, em primeiro lugar – sugeriu Fabiana. – Mas

depois quero conversar com você sobre umas ideias que andei tendo.

- Que tipo de ideia?

- Você, essa quantidade imensa de animais para sustentar... Sei de suas condições financeiras. Sei do que aconteceu no seu trabalho...

- Pois é... Está muito difícil mesmo...

- Saiba que irei ajudá-la. Não posso contribuir com muito, mas um pouco de ração eu consigo oferecer.

- É muita generosidade sua... – disse Letícia, com gratidão.

- Mas tenho consciência de que isso não é suficiente. Por isso estive pensando, e tenho um plano.

- Você me deixou curiosa agora, amiga!

- Acho que pode dar certo... Conversaremos muito sobre isso.

Letícia e Fabiana não se viam há muito tempo. Por isso, os assuntos foram atualizados enquanto banhavam o frágil cãozinho, preparando-o para a refeição que ele devoraria em segundos.

- Agora me conte – disse Fabiana, enquanto soprava o chocolate quente na caneca, sentada no sofá, com as pernas cruzadas. – Como você está se virando para cuidar dessa galera toda?

Letícia sorriu um tanto envergonhada e respondeu:

- Não está fácil... Ultimamente tenho comprado tudo no cartão de crédito... Que não sei como vou fazer para pagar...

- Mas você não guardou dinheiro no período em que estava lecionando? – questionou a amiga.

- Ah, Fabiana, as pessoas sempre pensam que quando temos um bom emprego, sobra muito o que guardar... O dinheiro que entrava era para custear o aluguel, minhas despesas pessoais e os gastos com meus animais, que não são poucas, como você pode perceber. Não consegui guardar nada. O dinheiro acabou e não sei como me virar agora com essa bicharada aqui.

- Eu queria muito te ajudar, mas como você sabe, não ganho muito na minha profissão. Meu pai montou aquele consultório odontológico para mim achando que meu futuro estaria garantido. Porém, a concorrência é muito grande e as despesas maiores ainda...

- Sei como é, amiga... Em qualquer profissão, a dificuldade é grande. Hoje em dia as pessoas têm mais acesso aos cursos superiores do que antigamente, o número de faculdades se multiplicou e em qualquer profissão de nível superior não é fácil ganhar dinheiro.

- A gente entra para a faculdade acreditando que quando se formar o futuro estará garantido...

- Olha eu aqui, Fabiana... Depois de anos, sinto-me uma fracassada, sem conseguir um novo emprego.

- Não diga isso, Letícia! – exclamou Fabiana, tocando-lhe suavemente no braço. – Você é a pessoa mais esforçada e inteligente que eu já conheci. Se nada deu certo até agora, pode ter a mais absoluta certeza de que isso faz parte de sua missão.

- Que missão seria, amiga, sem dinheiro, sem trabalho e sem perspectiva? Já enviei dezenas de currículos e nada de retorno. Ainda por cima estou tendo sérios problemas com meu vizinho.

- Nossa, mas o que está havendo?

- Ele não gosta de animais. Esses dias jogou veneno no meu quintal e matou quatro dos meus cachorros. Quase morri de tanto chorar!

- Meu Deus! Quanta maldade!

- Pois é. Ando angustiada, acreditando que ele não vai se contentar e logo jogará veneno para os outros. Eu precisaria urgentemente me mudar daqui, mas infelizmente agora não tenho como fazer isso...

- Que situação complicada a sua, Letícia...

- Nem me fale. Às vezes me pergunto se eu sou a pessoa mais indicada para cuidar desses bichinhos agora que não possuo mais condições nem de me manter direito...

Ao ouvir isso, Fabiana levantou-se e, tocando o ombro amiga, mencionou o motivo de sua visita:

- Letícia, eu estou aqui por uma razão muito especial. É claro que o cãozinho precisava de ajuda, mas eu viria aqui hoje de qualquer forma.

- Não fale assim tão séria comigo, Fabiana. Você me deixa assustada...

- Você sabe que minha tia-avó é médium, não sabe?

- Sei sim, mas e daí?

- Ela me falou sobre um recado do seu guia espiritual.

- Guia espiritual? Como assim?

- Você tem um guia muito forte, muito evoluído. Ele pediu que ela lhe mandasse este recado: para que você siga em frente, sabendo que sua missão vai começar verdadeiramente agora e que a força com que você enfrentou todos os obstáculos para alcançar o sucesso profissional será o seu grande instrumento nessa nova fase. Você não fracassou; tudo fazia parte de um plano maior, para que você trilhasse o caminho que a conduziria à sua missão.

- Mas que missão, Fabiana? – perguntou novamente Letícia, sorrindo descrente.

- A missão de protetora dos animais.

- Que guia espiritual é esse? Quem sou eu para ter uma grande missão?

- Letícia, minha amiga, não sei mais nada além disso. Já faz dias que minha tia me disse para lhe dar este recado, mas eu ando trabalhando até tarde no consultório e não tenho mais seu telefone. Não sei se foi obra do acaso, mas esse cachorrinho que encontrei hoje foi quem me impulsionou a vir até aqui.

- Você está me assustando, Fabiana...

- Olha a quantidade de bichos que você já cuida, Letícia. Você ama essas criaturas. O que precisa aprender é buscar fontes de sustento para eles. A internet é uma opção. Muitos protetores utilizam as redes sociais para conseguirem ajuda aos animais resgatados das ruas.

- Acho isso louvável, Fabiana – Letícia ponderou – porém não sei conduzir as coisas dessa forma. Todos os animais que tenho aqui são meus. Isso não é um lar temporário. E considerando-se que optei por adotá-los, não acho correto agora que eu vá a público pedir dinheiro para alimentá-los. Isso para mim não é certo. É como mendigar dinheiro para comprar o pão dos filhos...

- Não é assim não, Letícia – explicou Fabiana, no último gole do chocolate quente. As pessoas não estão ali mendigando nada. O que ocorre é que são poucos os se que dispõem a doar o tempo e a vida para cuidarem dos animais. Muitas pessoas não possuem lugar adequado ou disponibilidade de tempo para isso e se sentem felizes em poderem contribuir de alguma forma. É como se existisse uma cooperativa informal entre um grande grupo de pessoas; uns trabalham resgatando, dando abrigo, curando as feridas, alimentando e outros contribuem com dinheiro, ração, medicamentos e divulgando também as fotos para possíveis adoções.

- Há pouco tempo atrás, as pessoas sentiam vergonha de admitir que estivessem passando dificuldade. Porém, hoje em dia se faz isso publicamente...

- O que elas pedem não é para elas. É para os animais necessitados. É como se você estivesse pedindo ajuda em nome desse sarnentinho que eu peguei na rua. Porém, você faz isso em seu nome, porque optou por abrigá-lo, ao invés de deixá-lo ao relento até que alguém apareça para ajudar ou, na pior das hipóteses, até que morra de fome e frio.

- Ai, amiga, desculpa, mas eu não conseguiria isso... Principalmente agora que estou sem trabalho, tenho tempo suficiente para fazer alguma coisa por eles, sem depender da caridade dos outros...

- Letícia, você está sendo orgulhosa...

- Não é orgulho, Fabiana, é meu jeito mesmo.

- Se você continuar pensando assim, não irá mais conseguir dar abrigo para nenhum outro animal e as ruas continuarão cheias de novos coitadinhos precisando de você. Acha melhor manter-se orgulhosa e não ajudar mais nenhum animal além destes que já abrigou?

Letícia sorriu:

- Você é muito obstinada nas suas teorias, Fabiana... Está quase me convencendo...

- Sei o que estou falando, Letícia. Você é que está muito obsoleta. Aposto que nem tem *facebook*...

Letícia torceu os lábios enquanto concordava:

- Eu até tenho, amiga. Porém, ando num astral tão baixo, que nem tenho acessado muito. Estou totalmente por fora do que está rolando...

- Mas o que está acontecendo com você?

- Vou lhe dizer a verdade. Ando tão sem dinheiro, que até mesmo minha alimentação anda restrita. Tudo o que penso em fazer, raciocino em termos de quantidade de ração que deixarei de comprar. Entre minhas necessidades e a de meus bichinhos, eu prefiro me restringir um pouco nesse momento, pois jamais deixaria faltar algo para eles. Animais não sabem o que é dinheiro. Não quero que eles sofram com minhas privações. Nem que eu tenha que vender os móveis da casa, sem comida eu não irei deixá-los.

- Nossa, eu não sabia que a coisa estava tão difícil...

- Ninguém sabe – suspirou Letícia, segurando as lágrimas.

A conversa prosseguiu até as dez da noite, quando então Fabiana foi embora, prometendo que, a partir daquele dia, Letícia não estaria mais só para cuidar de seus animais.

É difícil para o ser humano, durante seu período de permanência no plano físico, compreender o trajeto que deve seguir para cumprir a missão a que está destinado.

Antes de encarnar, fazemos nossas escolhas. Porém, nem sempre o óbvio é o caminho que nos conduz a atingirmos os objetivos eleitos. Para Letícia, a vida deveria seguir seu curso através do sucesso profissional para o qual ela havia se dedicado desde a época dos estudos até o período em que trabalhou ativamente. Porém, não era essa a sua missão maior.

Meu papel, especialmente naquela fase de transição, era orientá-la. Porém, ela ainda não estava pronta para receber, com clareza, meus ensinamentos. Os dissabores que enfrentara a fizeram descrente e a ausência de fé inibiu a percepção das informações que eu enviava através de seu pensamento.

Foi necessário, então, que eu fosse auxiliado por outros espíritos encarnados, para que suas vozes pudessem ser ouvidas por Letícia e, assim, ela encontrasse finalmente os meios para conseguir cumprir sua missão.

Através da tia-avó de Fabiana, foi possível passar-lhe a mensagem e essa amiga seria, a partir dali, meu maior canal de acesso à consciência de Letícia, já que além do contato com a tia, ela tinha uma abertura muito maior para a interação com o mundo espiritual.

No dia seguinte, pela manhã, o telefone de Letícia tocou. Era Fabiana, eufórica:

- Amiga, eu acabei de saber de uma coisa que acho que vai ser a solução para todos os seus problemas!

- Fale logo, menina! – exclamou Letícia, explodindo de curiosidade.

- Sabe aquele bairro que tem próximo à ponte, do outro lado da rodovia?

- Sei sim. A Vila Brasil.

- Pois é. Lá mesmo. O dono de lá é pai de uma cliente minha aqui do consultório. Ela acabou de sair daqui. Disse que ele estava arrendando o sítio para um senhor, que ficou muito doente e decidiu rescindir o contrato. Então o Senhor Mario vai arrendar para outra pessoa.

- Tá. E daí?

- Daí que lá é perfeito para abrigar seus animais, Letícia. Ele disse que é bem grande e tem até um córrego que passa nos fundos.

- Fabiana, eu não tenho dinheiro...

- Mas eu tenho um plano!

Letícia sorriu com o otimismo de Fabiana. Desde quando se conheceram, alguns anos antes, essa característica era algo que se destacava em sua personalidade.

- Qual plano, Fabiana? – perguntou, diante do suspense do outro lado da linha.

- Meu pai pode ajudar. Vou pedir a ele um empréstimo; uma quantia que dê para custear doze meses de aluguel do arrendamento...

- Para aí, menina! – exclamou Letícia. – Não coloca seu pai nessa história não. Não posso depender de ninguém para cuidar dos meus bichos. Eu assumi essa responsabilidade e pretendo cumpri-la com meus próprios esforços.

- Letícia, minha amiga – ponderou Fabiana – deixe de ser orgulhosa. Pense nas inúmeras oportunidades que você deixou passar na vida por conta do seu orgulho. Aceite a ajuda dos outros, se eles quiserem lhe estender a mão. Não se esqueça de que se você não aceitar algo que venha de fora, por si só vai acabar passando fome junto com essa bicharada toda aí.

- Não precisa ser cruel – respondeu Letícia, agora baixando a voz.

- Deixa comigo. Posso ao menos resolver as coisas da minha forma?

- Sim... – concordou Letícia, refletindo sobre seu orgulho e a dificuldade que sempre teve em aceitar a ajuda de terceiros, talvez por sentir-se inibida em expor suas próprias necessidades para os outros.

- Você está louca! – exclamou o pai de Fabiana, diante do pedido de empréstimo. Já não basta aquela maluca da sua amiga encher a casa de bichos, e agora você quer enfiar meu dinheiro nisso?

- Pai, é só um empréstimo!

- Olha aqui, menina: quem quer sair por aí caçando os bichos da rua e levando para a casa, que tenha dinheiro para bancar. Ou então que não pegue. Agora eu é que não vou enfiar dinheiro numa maluquice dessas...

- Mas pai, nós vamos montar uma ONG e logo conseguiremos devolver cada centavo. Eu pago com juros...

- Há! – a resposta foi uma risada irônica, enquanto o homem abria a geladeira e pegava uma lata de cerveja. Se pelo menos fosse para ajudar crianças... – resmungou, enquanto retornava para a sala.

Enquanto Fabiana ainda tentava argumentar, ele abriu a lata e aumentou o som da televisão, ignorando explicitamente quaisquer argumentos da filha.

- Com meu pai não rolou, Letícia – disse Fabiana, enquanto acariciava o cãozinho que recolhera da rua na véspera.

- Está vendo? Isso não daria certo mesmo.

- Mas eu já pensei em outra coisa...

Antes que ela pudesse expor aquilo que havia planejado, a campainha tocou e, quase simultaneamente, bateram palmas.

Letícia abriu a porta e viu que era a vizinha que morava duas casas depois da sua.

- Precisamos conversar – disse a vizinha.

- Entre, por favor – convidou Letícia, quase gritando, para que pudesse ser ouvida juntamente com os latidos e uivos das dezenas de cachorros.

- Não quero entrar não. Falo daqui mesmo...

Ao se dirigir ao portão, Letícia foi abordada por um rosário de reclamações envolvendo o barulho dos cães e as visitas diárias de seus gatos ao jardim da vizinha, os quais faziam as necessidades nos vasos de plantas e jogavam a terra para fora. A conversa encerrou-se assim:

- Trate de dar um jeito nisso, pois os vizinhos já estão organizando um abaixo-assinado e pretendem entrar com um processo para que você retire esses animais daí.

- Mas eles estão dentro da minha propriedade! – exclamou Letícia.

- Os gatos saem de dentro da sua propriedade e invadem a propriedade do vizinho para emporcalhar tudo! – retrucou a mulher, elevando o tom da voz. E outra, esses cachorros gritando iguais loucos estão perturbando o sossego público. Você sabe que isso é proibido.

Naquele instante, um senhor que passeava com o cachorro, ouvindo a discussão, parou e interferiu:

- Desculpa as duas. Eu estava passando e não pude deixar de ouvir. Quero dizer que não tenho nada contra cachorros. Esse aqui é como se fosse meu filho.

A seguir, acariciando a cabeça do cachorro, continuou:

- O que não pode é você ter essa quantidade toda de animais na sua casa e não se importar se perturbam os outros. Seus gatos estão incomodando não é de hoje. Esses dias, o vizinho estava uma fera dizendo que comeram o passarinho que estava dentro da gaiola...

Fabiana, que até então ouvia tudo da porta, aproximou-se e interferiu:

- Meu senhor, não tiro sua razão, porém os gatos são animais acostumados a viverem livres. Não tenho como prendê-los...

- Pois então você deve ir morar em um sítio, onde poderá mantê-los soltos sem incomodar a população – respondeu o homem, encarando Letícia nos olhos.

Enquanto a discussão prosseguia, os cães não paravam de latir, uivar e arranhar o portão de madeira que havia na entrada lateral.

Letícia então achou por bem encerrar a conversa, prometendo que daria um jeito na situação.

- Minha filha – acrescentou o homem – você é jovem ainda. Vejo que é uma boa moça. Por que não ocupa esse tempo que gasta com essa bicharada cuidando de crianças? Tem tantas crianças por aí passando fome...

- O senhor cuida de alguma? – interrogou Fabiana.

- Tenho filhos e netos, minha querida – respondeu o homem. Trabalho, tenho esposa, filhos, noras, netos... Não deixo faltar nada a eles. Mas se eu fosse solteiro como vocês e não tivesse família, certamente ofereceria ajuda a quem precisa, ao invés de encher a casa de bichos para incomodar os outros.

- Que falta de respeito dessas duas! – exclamou a mulher.

Tentando pôr fim à discussão, Letícia pegou o gato que acabava de passar por eles, para levá-lo para dentro, enquanto dizia:

- Agora me deem licença, que vou cuidar dessa bicharada toda. Assim libero vocês para irem praticar caridade com seres humanos.

- Dê um jeito nisso, antes que a Justiça dê! – exclamou a mulher, enquanto virava as costas, continuando o assunto com o homem, que conduzia o cão indignado.

- Absurdo! – foi a última palavra que Letícia e Fabiana ouviram antes de fecharem a porta.

- Agora você concorda que precisa se mudar daqui para um local mais adequado? – questionou Fabiana, diante de Letícia, que se sentara no sofá com as mãos na cabeça.

Letícia então levantou a cabeça e, fixando os olhos na amiga, perguntou:

- Qual o seu plano?

CAPÍTULO XIII

O encontro com o destino

Para que nós, espíritos, possamos auxiliar aqueles que habitam o plano físico, muitas vezes se torna necessário que alguns acontecimentos desagradáveis despertem a consciência de quem insiste em continuar no estágio onde as coisas não mudariam.

As mortes dos quatro cães, sucedidas pela abordagem dos vizinhos de Letícia, serviram para que ela tomasse consciência de que aquele não era o lugar certo para cumprir sua missão.

Certamente, as dificuldades financeiras que vinha enfrentando ocasionaram o medo que a tornara mais comedida e menos ousada em suas iniciativas. Porém, vários sinais estavam a mostrar-lhe que chegara o momento de dar início à nova etapa de sua vida, aquela para a qual se preparara antes de sua encarnação neste plano e para a qual fui destinado a auxiliá-la.

- Vamos montar uma ONG e arrendar aquele sítio para abrigarmos os animais – deliberou Fabiana. Assim teremos muito mais espaço, os animais viverão com maior conforto e será possível acolher muitos outros que precisam de ajuda.

- O que mais me preocupa, Fabiana – argumentou Letícia – é como custear tal estrutura.

- Que tal irmos lá no sábado? – sugeriu a sempre empolgada amiga. Algo me diz que se conhecermos o lugar pessoalmente, teremos muitas ideias.

Letícia sorriu, sem compreender bem o envolvimento súbito da amiga com a causa animal. Ela própria não se sentia preparada para isso. Tudo o que fizera até aquele momento foi adotar seus animais e cuidar-lhes com amor e dedicação. Nunca havia pensado em estender essa prática para outros animais, tampouco em tornar-se uma protetora.

Fabiana, por sua vez, também não experimentara nada parecido antes. Porém, dado o convívio desde cedo com a espiritualidade, ela se encontrava mais preparada para receber as inspirações que lhe dirigíamos do plano espiritual e, através delas, poder guiar o percurso de ambas até que finalmente Letícia cumprisse sua missão.

O sábado amanheceu ensolarado. Por volta das oito da manhã, Fabiana buzinou à frente da casa de Letícia, que já a esperava no sofá da sala.

Com os cabelos molhados, Letícia exalava entusiasmo. Acordou cedo, cuidou de todos os animais e se preparou para a visita ao lugar onde plantaria a semente de um grande projeto.

- Pronta para começar a dirigir uma instituição de proteção aos animais? – perguntou Fabiana, durante o trajeto.

- Não fale assim, amiga, que me deixa insegura. Estamos apenas procurando um lugar onde eu possa abrigar meus filhos peludos...

- Não seja modesta, Letícia – ponderou Fabiana. Você bem sabe que está dando início a um projeto bem maior do que simplesmente ter um quintal gigante para seus bichos...

- Se der certo esse lugar, você não vai me largar sozinha nisso, não é Fabiana? – questionou Letícia, com o ar de preocupação.

- Claro que não, minha amiga... – sorriu Fabiana, dando-lhe um abraço afetuoso. Estarei ao seu lado enquanto for necessário.

Pela primeira vez, Fabiana percebeu que Letícia mudara. Além do medo de arriscar, a situação financeira a fez insegura. E agora, na iminência de dar início ao novo projeto, visivelmente se mostrava dependente da iniciativa e do apoio de outra pessoa, coisa que jamais havia ocorrido antes.

As vicissitudes da vida transformam a maneira como as

pessoas se comportam. A personalidade continuará a mesma, porém o medo muitas vezes paralisa as ações e enfraquece a vontade de prosseguir enfrentando desafios. Nessas horas, a presença dos amigos é fundamental para que a pessoa que passa por tal situação possa receber estímulos para não se posicionar como um derrotado e acabar se transformando realmente nele. No caso de Letícia, ela não tinha amigos; porém, havia uma missão a ser cumprida e por esse motivo nós, os seres inspiradores do plano espiritual, interferimos para que uma conhecida (que até então mantinha com ela apenas uma amizade superficial e distante) se aproximasse e, com boa vontade e persistência, pudesse auxiliá-la no percurso necessário para que os fatos pregressos se transformassem em importantes experiências passadas, fontes de fortalecimento e aprendizado, mas jamais em marcas prejudiciais às conquistas vindouras.

Após cinquenta minutos de viagem, as duas finalmente avistaram a placa indicativa do sítio, cuja porteira se encontrava a uns duzentos metros dela.

O proprietário esperava alegremente pelas visitantes na varanda da casa principal, uma pequena edificação de paredes pintadas em terracota, com janelas de veneziana branca.

Letícia olhou ao seu redor e não viu animais, à exceção de um grupo de galinhas que corria animadamente pela relva.

O local era simples e florido. Logo à entrada da casa, a parede era adornada pelo verde exuberante de samambaias que cresciam vigorosamente de seus vasos.

Ao redor do imóvel, um pequeno canteiro de maria-sem-vergonha coloria com delicadeza a singela arquitetura rústica.

A casa era simples, porém conservada. O chão de cimento queimado compunha o visual charmoso que aquela simplicidade proporcionava.

Letícia fascinou-se com as pequenas mostras no contexto bucólico que transpareceram no primeiro contato visual. Fabiana não fechava o sorriso que iluminou seu rosto desde que desceu do carro.

- Sejam bem vindas, meninas! – exclamou o homem, estendendolhes a mão.

- Muito prazer, Senhor Mário – cumprimentou Fabiana, seguida de Letícia. Sua filha nos falou sobre este negócio. Interessou muito a nós.

- Ela comentou comigo sobre a intenção de vocês em arrendarem aqui para abrigar animais de rua...

As duas gaguejaram, temendo que aquela informação pudesse interferir negativamente no interesse do proprietário.

- Achei brilhante! – a exclamação logo fez com que seus corações disparassem de alívio.

Então o homem continuou:

- Quando arrendei aqui pela primeira vez, a exigência que fiz foi para que o arrendatário não usasse o local para explorar nenhum tipo de animal. Eu herdei essas terras do meu pai e não tive vocação para continuar com a pecuária de corte. Então desmembrei a área em sítios e vendi todos. Fiquei só com esse daqui.

- Mas que belo exemplo, Senhor Mário! – comentou Fabiana. Quer dizer então que o senhor também é um tipo de protetor.

O homem sorriu:

- Não sou protetor não, filha. Apenas sou um homem temente a Deus, que pratica seus mandamentos. "Não matarás" é um deles, não é?

As duas sorriram, concordando.

- Sou cristão e pratico o Evangelho. Por isso não exploro nenhuma vida e também não pretendo ceder minha propriedade para que alguém o faça. O casal que morava antes aqui queria isso apenas para ter uma horta e produzir lichia para venderem na feira. Nada de criar gado, ou porcos, ou seja lá o que for. Estão vendo as galinhas?

- Nós vimos sim, desde que chegamos – respondeu Letícia. Parece que vivem felizes aqui.

- Elas vivem soltas, minhas filhas. Aqui não é presídio para ninguém. Comer ovos não é crime. Eu mesmo adoro um sanduíche de ovo. O mal é prender as galinhas como as granjas fazem. Aquilo é monstruoso... Aqui nós só colhemos o que elas botam espontaneamente aí pelo mato. Sem maltratar nenhuma delas.

- Que belo exemplo, Senhor Mário – elogiou Fabiana, fascinada.

- Vocês, que são jovens, ainda verão muitas transformações na sociedade. No meu tempo era muito mais natural maltratar os animais. Hoje isso está sendo cada vez mais repudiado, e devemos muito à televisão e às redes sociais, que propagam essa aversão crescente das pessoas à opressão contra os indefesos. Tenho esperança de que o número de pessoas que se abstêm do consumo de carne cresça com a consciência de que os animais têm espírito como nós e que aqui estão para nos cobrir de afeto com a inocência de uma criança. A monstruosidade com que o ser humano os trata só demonstra o grau de atraso evolutivo dos habitantes de nosso planeta.

Quando Jesus disse para amarmos ao próximo como a nós mesmos, ele não especificou "amai ao ser humano como a ti mesmo". Se os olhos brilham e o peito inspira, há alma naquele corpo. A inteligência humana é um atributo que lhe confere o dever de criar mecanismos de proteção aos outros seres e não de usar formas cada vez mais sofisticadas para utilizá-los na produção em massa dos bens de consumo, exterminando-os do planeta.

- Verdade - concordaram as duas, admirando aquele homem a cada momento.

- Mas agora vamos ao que interessa. Quero lhes mostrar a casa principal.

Letícia sentia-se como se estivesse vivendo um momento mágico na sua vida. De repente, todas as marcas que a vida lhe deixou pareciam insignificantes diante daquela possibilidade maravilhosa que surgia em um contexto onde cada detalhe conduzia ao propósito de declarar para si a missão maior de sua existência, que era a de dedicar a vida em função dos animais indefesos.

A casa por dentro era de uma simplicidade acolhedora. Havia uma singela mobília, composta apenas do essencial: uma mesinha com duas cadeiras e um sofá de dois lugares na sala; na cozinha um pequeno fogão, uma geladeira antiga e prateleiras feitas artesanalmente com caixotes de frutas. Mais ao fundo havia um pequeno banheiro à frente de dois dormitórios, um com cama de casal, um guarda-roupa e dois criados-mudos; no outro, apenas uma cama de solteiro, uma cômoda e uma mesinha.

Não havia qualquer aparelho eletrônico naquela casa; dentre os eletrodomésticos, apenas a geladeira e um liquidificador.

- Aqui não tem sinal de internet – salientou o homem. Se quiserem entrar no *facebook*, precisam ir até a cidade – complementou com ar de satisfação.

As duas se entreolharam, enquanto ele prosseguia:

- O casal que morava aqui tinha uma linha telefônica. Mandaram desligar quando foram embora. Se vocês vierem morar, é bom que peçam uma o quanto antes, porque aqui tudo demora e já devem ter reparado que não pega celular.

A revelação chegou como uma pedra grande lançada sobre um cenário perfeito. O que antes parecia o paraíso, agora mostrou a face desagradável e pouco convencional da falta de conexão com o mundo exterior.

- Pela cara de vocês, posso imaginar o que se passa pelas suas cabeças – afirmou o homem, enquanto se virava para tentar encaixar uma gaveta solta na cômoda do quarto de solteiro.

Ambas sorriram desapontadas e, antes que desse tempo de negarem a decepção, ele complementou:

- Entendo vocês. São vítimas do vício cibernético da modernidade. Toda a geração que vive hoje se tornou dependente desse mundo perfeito, onde as pessoas são moralistas ao extremo, onde não existe lugar para posturas preconceituosas ou filosofias antidemocráticas e onde até mesmo as mais cruéis desilusões se transformam em comédias ilustradas a que todos curtem. Hoje em dia não se lava mais uma ferida antes de se tirar uma foto e postar para os amigos verem; não se faz um passeio agradável sem que se esteja todo o tempo dividido entre aproveitar o momento e fazer uma pose bonita para registrá-lo em fotos que serão postadas para o grupo. E, o pior, não se pode mais ser espontâneo, pois uma frase mal pensada pode ser alvo de um linchamento virtual. Asseguro a vocês, com a convicção que meus sessenta e oito anos me permitem: abstenham-se durante um tempo dessa droga chamada internet e sentirão uma leveza na alma que asseguro que vocês não têm hoje. A dinâmica da internet ultrapassou aquilo que a mente humana pode suportar sem perder o equilíbrio e a serenidade. O vício cibernético está causando uma enfermidade profunda que poucos já se deram conta; muitos acabarão em colapso, por chegarem ao ponto de não mais suportarem a perturbação causada pelo desequilíbrio espiritual que essa dinâmica ocasiona, sem contar os inúmeros conflitos que acontecem diariamente entre as pessoas que já transformaram a tela do computador no cenário principal de suas vidas e que, pela distância, sentem-se muito mais à vontade para atacar um amigo, diante muitas vezes de uma simples divergência de opiniões.

Letícia e Fabiana ainda estavam paradas, esperando mais, quando o homem as chamou para perto de uma laranjeira:

- Venham cá, meninas! Experimentem essas laranjas aqui. Não irei mais importuná-las com meu discurso de velho. Já devem estar com os ouvidos cansados...

- De forma nenhuma – negou Fabiana. Eu pessoalmente estou adorando ouvir o que o senhor tem a nos ensinar.

- Eu também – concordou Letícia. Muito interessante o seu ponto de vista e, confesso, pensarei muito ainda sobre o que o senhor nos disse.

Acomodando-se no tronco de árvore, o homem pegou o canivete e convidou as duas amigas para se sentarem ao lado dele, enquanto descascava as laranjas, entregando metade a cada uma. Então prosseguiu:

- Vamos agora ao que interessa. Qual o plano de vocês quanto ao meu sítio?

Foi Fabiana quem respondeu:

- Minha amiga aqui tem muitos animais na casa dela e começou a enfrentar problemas com vizinhos por conta disso. Por esse motivo, eu sugeri que ela se mudasse para um lugar maior, onde os animais tivessem mais espaço e não houvesse mais esse tipo de transtorno. Aí coincidiu que sua filha me falou deste sítio...

- E vocês sabem o preço que estou pedindo de aluguel?

- Não, sua filha não chegou a comentar...
- Olha, isso aqui é uma estrutura cara. Não é somente o preço do aluguel. Tem a manutenção: as podas das árvores e das plantas, os cuidados com as partes gramadas, a conservação das cercas, da parte elétrica, enfim, os gastos para manter tudo em ordem. Se não cuidarmos, daqui a um tempo isso aqui estará destruído...
- Sei como é, Senhor Mário – respondeu Letícia, enquanto Fabiana o encarava com o semblante confuso – e temo não ter condições financeiras de arcar com tudo isso...
- Então me expliquem o que vieram fazer aqui – questionou o homem, com um tom severo que sutilmente deixava transparecer um ar paternal e a propensão a ser generoso sob algum aspecto.

Letícia não deixou Fabiana falar. Preferiu ela mesma dizer:
- Olha, Senhor Mário, o caso é o seguinte: eu moro em uma casa onde vivem comigo vários cães e gatos. Estou desempregada, sem dinheiro e ainda por cima os vizinhos estão infernizando a minha vida. O maior problema que vejo é o risco a que estou expondo meus animais vivendo lá. Quatro cães já foram envenenados. Não me sinto bem em utilizar a internet para pedir dinheiro. Meu cartão de crédito está estourando e já não tenho mais limite na minha conta bancária. Não sei o que fazer. Preciso dar um jeito na minha vida. A única coisa que posso lhe dizer é que tenho um sonho desde que me conheço por gente. Quero, a partir de agora, poder dedicar minha vida a cuidar dos animais. Já perdi muito tempo absorvida pelos estudos e pelo trabalho, achando que ali estava a minha felicidade. Precisei perder o emprego e passar dificuldades para conscientizar-me do verdadeiro valor das coisas. Já testemunhei meu avô entregando uma égua ao abate após escravizá-la durante toda a vida. E depois que ela morreu, o filho não teve destino diferente. Isso me marcou profundamente. Eu amo os animais como a mim mesma, e sou capaz de passar fome se for preciso, para que nada falte a eles. Não tenho dinheiro algum, tampouco garantia de que vou pagar pelo aluguel do seu sítio. Se preciso for, a manutenção farei com minhas próprias mãos. Porém, preciso de um teto para abrigar meus animais e, se consegui-lo, trarei muitos de outras espécies, que

são abandonados na velhice ou na doença, sem que ninguém lhes ofereça abrigo. Algo dentro de mim me diz que poderei fazer isso e ainda conseguir alguma fonte de renda que me permita pagar-lhe. Porém, não vou lhe dizer que tenho dinheiro agora e que o aluguel neste momento está garantido. Apenas que quero usar este local aqui para trazer muitos animais sofredores para serem cuidados.

Quando terminou de falar, Letícia não esperava nada além de um aperto de mão do Senhor Mário, questionando a razão de terem feito com que ele perdesse tempo indo até lá mostrar-lhes o sítio. A reação, entretanto, surpreendentemente foi outra:

- Você me traz boas energias, garota. Gostei de sua sinceridade e lhe darei um crédito por isso. Já tive sonhos muito parecidos com os seus. Porém, passei a vida com o tempo ocupado demais para pô-los em prática. Infelizmente, não somente você, mas as pessoas de maneira geral priorizam o trabalho que provê o sustento próprio e o da família e com isso os mais belos projetos são deixados de lado. Isso não é culpa sua, nem minha, nem de ninguém. A sociedade nos leva a isso. E quem não trabalha, quem não se dedica ao sucesso profissional, infelizmente fica com o sustento prejudicado e o futuro nebuloso. Porém, se estamos juntos hoje aqui, conversando sobre o assunto, é porque Deus marcou esse encontro, e dele não sairemos sem que a Vontade Maior do Pai se cumpra.

As garotas estavam positivamente surpresas.

- Eu lhes darei uma chance. Porém, quero a segurança de que não estou colocando minha propriedade em uma fria.

- Não iremos decepcioná-lo, Senhor Mário – Fabiana garantiu.

- Pois então, vamos lá. Faremos um contrato de um ano, estipulando o valor do aluguel, multa contratual e tudo como manda o figurino. Vocês terão esse período para transformar essa propriedade em um Jardim do Éden. Espero que meu sítio não seja convertido em um depósito de semoventes. Quero que os animais que vivam aqui estejam felizes e bem cuidados. Se isso acontecer, doarei o sítio à causa, através de uma fundação pelos animais. Porém, se ao cabo de um ano, nada tiver dado certo, vocês devolvem a propriedade e transferem os animais para outro abrigo.

Senhor Mário sabia o que estava fazendo. Podia sentir, no semblante daquelas moças, que seu sonho de garoto se concretizaria através delas.

Letícia e Fabiana, por sua vez, sentiam um misto de euforia e medo, felicidade e apreensão. Porém, não tiveram muito tempo para pensar, quando o velho homem lhes estendeu a mão:

- Negócio fechado?

Naquele momento, não havia outro caminho melhor; evidentemente, era uma oportunidade única e irrecusável.

- Negócio fechado! – exclamaram as duas, apertando-lhe a mão.

Porém, aquele momento contrariava o que Letícia acabara de discursar. A preocupação com a falta de dinheiro ainda permanecia e a impossibilidade de pagarem o aluguel era mais do que óbvia.

Então ela arriscou:

- Na verdade, Senhor Mário, ainda temos o problema do aluguel...

- Quanto vocês podem pagar? – ele interrogou.

As duas estavam pensativas.

- Metade do que o inquilino anterior pagava? – sugeriu o homem.

Fabiana então se adiantou:

- Na pior das hipóteses, o que tiro no consultório dá para pagar este valor.

- Pois então façam isso aqui gerar renda! – exclamou com entusiasmo. Sigam-me!

Dizendo isso, ele as conduziu até um grande salão, construído ao lado da casa, onde anteriormente parecia ter funcionado uma oficina.

- Isso aqui era uma oficina de artesanato – explicou – e dava um bom dinheiro para a esposa do antigo morador. Arrumem professoras, realizem eventos e vendam o que produzirem aqui. Vão precisar de dinheiro para construir os boxes dos animais. Já pensaram nisso?

- Pensei, sim senhor – respondeu Letícia. Porém, sei que isso custa dinheiro, e por hora pretendo trazer apenas os meus animais, que deixarei soltos aqui até poder estruturar melhor o lugar.

- Não pensem em enjaular os bichos. Procurem povoar isso aqui de um a um, com cautela, para que todos aprendam a viver em harmonia. Criem espaço em separado apenas para os que tiverem maior dificuldade de adaptação e puderem pôr em risco a segurança dos demais. Porém, priorizem a liberdade. Nenhum animal é feliz vivendo em jaulas.

- Sim, faremos isso – concordou Letícia. – O que importa é que sejam bem cuidados.

- Tenho outra coisa para lhes mostrar – disse o homem.

Então ele as conduziu a um pomar, onde explicou:

- Essas árvores que vocês estão vendo, são pés de lichia, conhecem?

- Conhecemos sim – responderam as duas.

- Pois então. Agora estamos na época da floração, mas entre fim de dezembro e início do ano, essas árvores ficam carregadas de frutas. Já temos comerciantes certos para fornecer. O lucro é bom e com ele vocês poderão garantir muitas despesas por aqui.

O coração de Letícia palpitava diante de tamanha bondade daquele homem em oferecer-lhes a oportunidade de utilizarem a propriedade dele de uma forma tão generosa.

- Não sei como agradecer ao senhor por essa oportunidade – falou Letícia, com os olhos marejados. Sei que algum anjo está olhando por nós...

- Não precisam agradecer, meninas – respondeu o homem, tocando gentilmente as mãos sobre as cabeças das duas. Façam pelos animais, e isso será minha grande recompensa.

"Finalmente, os planos de Deus se concretizando", pensei, enquanto afastei-me dali, guiando-me até o plano espiritual, com o coração repleto de alegria pelas portas da oportunidade que finalmente se abriram para que Letícia cumprisse sua grande missão, de proteger aqueles que encarnam no plano físico para serem os mestres espirituais de quatro patas.

CAPÍTULO XIV

O santuário

Enquanto voltavam para a casa, as mentes de Letícia e Fabiana fervilhavam de ideias e apreensões. Ao mesmo tempo em que estavam felizes com a oportunidade que o bom homem lhes concedera, haveria muito trabalho a fazer, com a certeza de que nada poderia dar errado.

- Temos um ano para construir naquele local um grande santuário – comentou Fabiana.

- Quero muito acreditar que seremos capazes de cumprir o que foi pactuado – refletiu Letícia, enquanto olhava as nuvens pela janela do carro.

- Nós somos capazes, minha amiga! – exclamou Fabiana com entusiasmo, antes de elevar o som do carro e animar-se com a música, momento em que acendeu um cigarro de maconha, o que instantaneamente afastou-me dali.

Ingenuamente, as pessoas costumam acreditar que determinados hábitos, se não caracterizarem vício, são inofensivos. Porém, haja ou não dependência, o certo é que o consumo de qualquer tipo de droga, inclusive o álcool, atrai a presença de entidades que, quando encarnadas, eram usuárias de tais substâncias. São espíritos em que ainda predominam os vícios materiais e eles trazem consigo a confusão mental, a raiva e a maldade. Por isso, ao se utilizar de substâncias como drogas e álcool, ou abusar de medicamentos controlados, a pessoa fica vulnerável à influência destes espíritos sobre seu comportamento, como também a acontecimentos que possam ser provocados por sua perturbação e maldade.

Atraindo espíritos de escalas inferiores, automaticamente o indivíduo está afastando de si a presença dos seres iluminados, que não permanecem no mesmo espaço para onde aquelas criaturas foram convidadas a estar. Por isso, afastei-me, lamentando que um momento tão especial na vida de Letícia fosse ingenuamente compartilhado com entidades de outro padrão vibratório.

À noite, já preparada para dormir, Letícia resolveu fazer uma oração em agradecimento pela nova fase que estava a se iniciar.

Aproximei-me de sua cama e, aproveitando seu momento de introspecção, inspirei-lhe pensamentos positivos, cobrindo seu espírito com energias renovadoras e revigorantes.

Ao adormecer, ela sonhou com o santuário. Porém, ao contrário do que imaginara, não havia uma quantidade grande de cães e gatos, mas sim de animais selvagens, como leões, ursos e elefantes. Ela olhava para os lados, sem entender de onde eles vinham, quando me aproximei, assumindo a figura de um gorila que vestia roupas coloridas, e expliquei, com um alto-falante nas mãos, que sua grande missão era acolher os animais que foram tirados de seus habitats naturais, contrabandeados, e também as crias destes animais, que desde cedo foram submetidas a toda sorte de crueldades e torturas, para que finalmente encontrassem um lugar onde pudessem retomar o contato com a natureza e se libertassem da escravidão que reduziu suas existências a meros instrumentos de diversão nos circos.

Ela me questionava sobre as razões de serem estas as espécies de animais de que deveria cuidar, e não os animais domésticos, e então expliquei que haveria muitas almas generosas que se encarregariam de oferecer abrigo e cuidados a estes animais em suas residências e também em pequenos espaços arranjados. Porém, aquele sítio possuía espaço suficiente para abrigar animais de grande porte, e por isso ela tinha uma responsabilidade maior e uma missão que iria além de apenas resgatar animais abandonados nas ruas. Ela seria o anjo protetor de todos os animais que dependiam de espaço e estrutura suficientes para conseguirem ter uma qualidade de vida ao menos próxima daquela de que foram privados durante o tempo em que a maldade humana os fez vítimas de horrores travestidos de alegria e animação.

Naquele momento, outro espírito, assumindo a aparência de um urso, aproximou-se e a ergueu até o lombo de um elefante, que a conduziu às margens de um rio, que seguia seu curso até desaparecer no horizonte.

Então lhe era passada a mensagem, em pensamento, de que o tamanho de sua missão era proporcional à extensão daquele rio; que ela não poderia visualizar para onde seguiria seu curso, porque ainda havia uma pluralidade de existências até que fosse possível alcançar o horizonte e finalmente acreditar que pudera, em sucessivas encarnações, contribuir para a evolução da humanidade, através do exemplo de bondade e amor para com os animais, entregando a própria juventude e toda uma vida em função de protegê-los e amá-los. Somente com exemplos como este é que a humanidade será capaz de adquirir a consciência de sua verdadeira missão de reinar sobre os animais, para livrá-los de todo o mal.

Letícia acordou, no dia seguinte, com uma lembrança apenas superficial daquele sonho, porém dentro de si acendeu-se uma chama infinita de força e perseverança quanto ao destino daquele futuro santuário.

Sua primeira providência foi buscar, através da internet, contatos com organizações que fiscalizam os maus tratos em circos e informar-se acerca dos casos de apreensão e o destino que é dado a estes animais.

Durante as pesquisas, também soube de casos de cavalos apreendidos durante flagrantes de maus tratos de carroceiros e compreendeu as dificuldades que havia para encontrar abrigo para animais de grande porte.

Não demorou muito para que, através de contatos e

indicações, seu telefone começasse a tocar. Muitos protetores questionavam sobre suas intenções e não tardou para que várias pessoas se candidatassem a trabalhar em mutirão para a construção das instalações que abrigariam estes animais com conforto, espaço e segurança. Outras divulgaram pedidos de materiais de construção nas redes sociais e muita ajuda foi oferecida.

Os dias que sucederam à assinatura do contrato com o Senhor Mário transcorreram de forma tão atribulada, que Letícia mal teve tempo para encaixotar seus pertences e estruturar a mudança com sua forma metódica de conduzir as coisas. Quando se deu conta, já estava dentro do carro de Fabiana, dando adeus à antiga morada.

A limpeza e preparação de seu novo lar contaram com o apoio de alguns vizinhos do sítio, em troca de móveis e objetos que fizeram parte da vida de Letícia, mas que não seriam mais úteis em sua nova realidade.

Todos os seus animais ficaram confortavelmente abrigados em espaços que antes eram utilizados como oficina e depósito, os quais haviam sido cuidadosamente limpos e pintados pelo mutirão dos garotos da vizinhança, que cuidaram até mesmo da ilustração das paredes, através do trabalho de grafite que um deles dominava, transformando o ambiente em cores e alegria.

As primeiras semanas foram dedicadas à limpeza do local e adaptação de Letícia. Fabiana procurava dormir quase todas as noites lá, para que a amiga não se sentisse insegura na escuridão da noite; porém não tardou para que um novo namorado desviasse parte de sua atenção e fizesse com que ela se distanciasse um pouco da amiga.

Já estava programado, porém, que o tempo de permanência de Fabiana na vida de Letícia seria apenas circunstancial. Eu as havia aproximado para que Fabiana pudesse direcioná-la ao caminho que preparamos para ela, contribuindo para que as coisas acontecessem como lhe havia sido preparado no mundo espiritual.

Muitas pessoas recebem em suas vidas alguns amigos que

permanecem durante um curto espaço de tempo e, na maioria das vezes, não conseguem compreender as razões do afastamento. Especialmente nos casos em que a experiência é marcada por mágoas e decepções, acredita-se erroneamente que seus caminhos não precisariam ter se cruzado.

Entretanto, invariavelmente, ninguém que passa pela vida de outra pessoa, deixando alguma lembrança, sendo positiva ou não, aproximou-se casualmente. O destino atrai as pessoas como as mãos unem as peças de um quebra-cabeça. São infinitas as peças que se encaixam entre si, como infinitas são as almas cujos destinos haveriam de se cruzar, ainda que de maneira breve, para que mutuamente se auxiliassem, seja com boas ou más experiências, para cumprirem suas missões espirituais.

O destino aproximou Fabiana de Letícia para guiá-la ao caminho que já lhe estava reservado e que a conduziria ao cumprimento de sua missão espiritual no plano terreno, que seria a proteção dos animais contra a crueldade de alguns seres humanos. Porém, atingido tal objetivo, naturalmente Fabiana seguiria seu próprio destino, entregando-se ao cumprimento de suas etapas evolutivas e vivendo as experiências que a vida lhe reservaria. O que restou, certamente, foi um crédito extraordinário por sua boa vontade em aproximar-se da amiga e servi-la com bondade e otimismo em seu direcionamento.

A época das lichias logo chegou e, com a ajuda de alguns garotos da vizinhança, Letícia conseguiu dar continuidade ao comércio da fruta, o que lhe garantiu uma soma em dinheiro que jamais pensara em obter em um período tão curto. Com isso, pôde saldar as pendências de aluguel com o Senhor Mário e garantir o sustento de seus animais por um período.

A bem-aventurança finalmente chegara à vida de Letícia. E com ela a certeza de que não é a riqueza que faz a prosperidade de uma pessoa, mas sim o progresso vindo de seu trabalho e da mudança de postura perante o Universo. Letícia aprendeu a ser grata ao Criador todos os dias, simplesmente por poder acordar de manhã, abrir a janela e ver o sol brilhando no alto.

Naqueles primeiros meses, foram quase diárias as reuniões com pessoas que se dedicavam à proteção de animais de grande porte. Sucessivos mutirões permitiram estruturar o local para recebê-lo e a divulgação também proporcionou parcerias com profissionais que auxiliariam nos cuidados com a saúde e higiene daqueles seres.

Finalmente, chegara o momento de receber os primeiros habitantes do santuário. Naqueles dias, um circo atuante em outra localidade havia sido autuado por maus tratos e seus animais seriam apreendidos pela Justiça. O santuário de Letícia já havia sido indicado por seus parceiros e o magistrado indicou-o como o lugar onde eles seriam abrigados.

Letícia estava ciente de que, uma vez responsável por animais apreendidos pela Justiça, sua responsabilidade era absoluta, não apenas por conta da segurança das pessoas envolvidas nos cuidados, como do bem estar dos animais e também em virtude das constantes visitas de agentes encarregados de fiscalizar o local.

Por conta disso tudo, ela estava tensa. Como também por sua inexperiência com aquelas espécies de animais e pela vulnerabilidade a que se sentia exposta, ao imaginá-los assustados e perigosos.

Porém, para a sua tranquilidade, o momento da chegada dos animais foi marcado por uma sensação indescritível de afeto e pelo simples anseio em lhes proporcionar bem estar.

Vários protetores acompanharam a chegada dos primeiros animais e três veterinários se prontificaram a auxiliar. Havia muitos jornalistas e uma multidão de curiosos, sendo necessária a presença da polícia militar para mantê-los afastados, de modo a não atrapalharem o trabalho.

O rosto de Letícia banhou-se em lágrimas, ao avistar o primeiro casal de tigres, repletos de cicatrizes, depois um grande urso, três elefantes, dois macacos e um cão da raça poodle, que lhe foi entregue pessoalmente por uma das protetoras, o qual ela abraçou, enquanto lhe prometia todo o amor do mundo, para o resto de sua vida. Em dado momento, colocou-o no chão, para que fizesse as necessidades, e percebeu que ele mancava de uma pata. Os sinais de maus tratos eram evidentes, como também a tristeza expressa nos olhos de cada um daqueles seres, que mesmo diante da libertação, ainda demonstravam as evidentes marcas de uma vida inteira de sofrimento.

Após longas horas de preparação, finalmente todos ficaram acomodados. A partir dali, Letícia contaria com o trabalho de voluntários, uns auxiliando nos cuidados com aqueles animais, e outros, buscando apoio para os gastos financeiros, inclusive com a obtenção dos documentos necessários para obterem doações de empresas.

Naquela noite, ela não conseguiu dormir. Até que, durante a madrugada, resolveu dar uma volta e observar cada um daqueles animais. Alguns dormiam, com o sono visivelmente agitado. Outros apenas a observavam, com o olhar atento e uma expressão que denunciava anos de sofrimento em silêncio.

Foi a primeira vez em que Letícia parou para refletir sobre a espiritualidade dos animais, os sentimentos que animam o coração desses seres, nossos semelhantes e a incrível onda de amor que incendiou seu coração desde o momento em que chegaram ali.

Olhando profundamente em seus olhos, ela pôde perceber que cada um deles sente, como nós, saudade, tristeza, medo, amor... E, observando aqueles que dormiam, convenceu-se de que, tanto quanto nós, eles se desprendem em espírito durante o sono...

"Esses seres não possuem apenas o instinto", ela refletia. *"Eles são como nós, e dentro deles há algo muito maior do que podemos imaginar. Há muito o que aprender com eles!"*

A consciência de Letícia despertou, a partir de então, para a realidade de que todos nós, seres das variadas espécies, somos capazes de amar porque temos um espírito que existe independentemente de nossas vestes físicas, e que durante o sono se desprende do nosso corpo. Os animais sonham, como sonham os homens, e nessas experiências oníricas seus espíritos viajam pela imensidão de um universo desconhecido pelos olhos da matéria, onde podem se entregar a um mundo de inocência e fantasia, no qual não existe maldade ou ganância que possam fazê-los perecer no sofrimento.

Com o tempo, outros animais foram chegando, alguns cavalos, javalis e até cobras. Aves também eram abrigadas em espaços onde poderiam viver em segurança, com as limitações que algum tipo de ferimento lhes causara.

A oficina de artesanato que havia no local se transformou em uma escola técnica destinada aos garotos do bairro, onde meninos se ocupavam com móveis e meninas com artesanato em argila. Toda a renda era revertida ao santuário, que a cada dia ia se transformando em um local mais promissor e bem estruturado.

É claro que dificuldades ocorreram – e muitas – como também problemas nas relações entre os participantes do projeto. Isso, porém, faz parte do processo e não se trataram senão de pequenas sombras naquele clarão imenso de boas energias que o trabalho de todos gerava.

Passaram-se vários meses, até que o Senhor Mário finalmente fez uma visita ao local. Ao se deparar com a grande quantidade de animais muito bem abrigados e de um número inacreditável de pessoas que se voluntariavam para ajudar, ele não conseguiu conter as lágrimas.

- Você conseguiu! – exclamou, abraçando Letícia. – Isso aqui realmente se transformou em um santuário.

- Serei eternamente grata ao senhor por ter confiado em mim, mesmo sabendo que naquele momento eu não possuía a menor condição de honrar o compromisso que estava assumindo – Letícia falou, com os olhos também marejados.

- Minha querida – explicou o Senhor Mário, segurando suas duas mãos. Eu percebi, desde o início, que você é uma pessoa iluminada. Sua missão era essa! – exclamou, estendendo a mão em direção aos animais. Porém, não poderei cumprir com minha palavra...

O coração de Letícia disparou, enquanto ele prosseguia:

- Eu disse a você que teria o prazo de um ano para transformar este lugar, e se o conseguisse, eu doaria a propriedade para o abrigo de seus animais, lembra-se?

- Lembro-me sim – respondeu Letícia, com apreensão.

- Pois se passaram ainda oito meses – continuou o Senhor Mário – e decidi não esperar um ano. A partir de hoje, não precisa me pagar mais nada e, na próxima semana, já estarei solicitando ao meu advogado que regularize a documentação para que este local se transforme em uma fundação destinada ao abrigo de animais.

Letícia não teve palavras naquele momento. Aproximou-se do Senhor Mário e, abraçando-o com força, apenas chorou e ajoelhou-se aos seus pés para agradecer, sendo no mesmo instante levantada por ele, que segurou seu queixo e apontou para o céu:

- Agradeça a Ele, minha filha. É das mãos do Senhor que tudo vem. Somos apenas instrumentos. Eu para você e você para estes seres que estão sendo presenteados com uma nova vida, agora repleta de amor e generosidade. Nunca perca a sua fé, pois é através dela que alcançará todos os objetivos em sua vida. Jamais se esqueça disso: Fé e amor juntos produzem o que chamamos de milagre.

Ao longe, era possível avistar os leões deitados sob o sol, os tigres rolando na grama, os elefantes, ursos, cavalos, além dos cães, gatos e aves, cujos corações agora palpitavam com tranquilidade, todos espalhando amor naquelas terras abençoadas.

- Parabéns, anjo protetor dos animais! – exclamou Graciette, enquanto me abraçava. Belo trabalho!

Correspondi ao abraço e ao calor de Graciette, enquanto não parava de sorrir:

- Esse é só o começo. A menina ainda terá grandes desafios até que a missão se cumpra.

- A missão só termina quando deixamos o plano físico, Salemo...

- De fato, Graciette, e sabemos que, para ela, isso levará ainda muitos anos.

Pusemo-nos então a caminhar abraçados pelo campo, enquanto o sol brilhava sobre nós, iluminando nossos sorrisos e reafirmando a bondade do Criador.

CAPÍTULO XV

Palavras finais da autora

Não espero ter agradado a você, leitor, com este livro. Tenho consciência de que ele traz histórias tristes e fatos revoltantes. O objetivo não é agradar - é conscientizar.

Nesse exato momento em que escrevo este epílogo, meu coração sangra, enquanto eu choro com as notícias de barbaridades contra os animais.

São tantos fatos cruéis que testemunhamos pelo mundo afora... Homens que barbarizam crianças, mulheres, idosos... Homens, mulheres, crianças e idosos que barbarizam outras espécies de animais, sejam cães, cavalos, gatos, aves, peixes, répteis, bovinos, porcos... Os seres humanos – nós (eu, você, o outro, a outra...), somos covardes.

Abster-se do consumo de carne e não maltratar um animal não é tudo o que podemos fazer para nos considerarmos isentos de qualquer responsabilidade por tantas torturas praticadas contra os seres indefesos.

Todos nós somos responsáveis, desde o momento em que comemos a gelatina saborosa e colorida, acreditando ser apenas um doce; quando usamos cremes desenvolvidos através de testes em animais; quando passamos por um cão sarnento na calçada e seguimos nosso trajeto, como se seu sofrimento fosse insignificante, ou se não tivéssemos responsabilidade alguma por livrá-lo dele. Ou então quando tomamos um inocente suco em uma empresa cujo faturamento vem predominantemente da venda de produtos de origem animal, como hambúrgueres ou churrascos.

Um dia visitei uma fazenda de criação de gados leiteiros e pude testemunhar, com meus próprios olhos, a crueldade que envolve a produção do leite. Aliás, muitas pessoas que se abstêm do consumo de carne não associam os laticínios a uma realidade igualmente cruel. Logo no início de suas vidas, os bezerros são afastados da mãe, para que esta seja explorada na produção do leite. Como bezerros machos representam gastos sem contrapartida em lucro, eles são vendidos a preços irrisórios e, sem que tenham direito à vida, são abatidos para se transformarem em salsichas, linguiças ou no famoso "baby beef". Comer carne, portanto, traz uma consciência direta da morte, mas a produção do leite também conduz ao extermínio de seres indefesos, condenados pela mesma razão com que pintinhos machos são cruelmente triturados: o interesse econômico.

Deixar de praticar o mal contra nossos irmãos é louvável, mas não suficiente; abster-se do consumo da carne e de todos os produtos derivados do sofrimento de outros seres, como também não contribuir diretamente com a escravidão animal também devem ser posicionamentos básicos, mas ainda longes de constituírem o verdadeiro cumprimento de nossa missão neste plano.

Ser vegano é reinar sobre os animais. Foi para isso que Deus nos criou. Reinar implica em proteger, em defender de todos os males, em respeitar, em amar como amamos a nós mesmos. Ser vegano é trilhar pelo caminho para a paz no mundo.

É claro que nem todas as histórias terminam com um final feliz, como no caso de Letícia. Muitas pessoas passam a vida inteira lutando, privando-se de muitas necessidades para proteger os animais abandonados. Cada história tem seus méritos. Afinal, se cada indivíduo acolhesse um único animal sofrido, se cada mãe pudesse criar seu filho com dignidade, se cada idoso terminasse os dias amparado pelo carinho de seus familiares, o mundo seria outro. Sejam aqueles que conseguem construir um abrigo de animais, sejam os que dividem os pequenos espaços de seus lares para acolher cães ou gatos abandonados, ou mesmo o mendigo que divide o pão e o cobertor com seu fiel companheiro, todos são anjos de luz. A proteção não se define por números, mas sim por atitude.

A compaixão começa nos passos que damos dentro de nossos lares, com cuidado para que não sacrifiquemos em vão a vida dos pequenos seres que compartilham do mesmo espaço. O respeito começa com os pequeninos, como as formiguinhas operárias que muitas vezes são pisoteadas desnecessariamente enquanto trabalham; a mariposa que penetra inocentemente em nossas casas e deixamos que morra tentando sair pelo vidro, sem que nos demos ao trabalho de abrir a janela e ajudá-la a voar para fora; o cãozinho que anda pelas ruas, faminto, enquanto passamos por ele apressados com nossos compromissos, esquecendo-nos de que o primeiro deles deveria ser a missão divina de protegê-lo. Quanto ao hambúrguer ou o churrasco no aniversário do amigo, bom, isso dispensa qualquer comentário...

Somos reis e para reinar fomos criados. Reinar com tirania ou com compaixão é uma escolha. Os frutos virão depois, infalivelmente. Colheremos aquilo que plantarmos. Então que plantemos o amor, para que ele se espalhe por todo o solo onde iremos pisar ao longo de nossa existência cósmica.

Deus habita em todas as suas criaturas. As mãos do homem que protege um animal são as mãos do Criador reinando sobre a Terra.

Que Sua Luz continue a brilhar para todos os que creem.

CAPÍTULO XVI

Orações pelos animais

Para encerrar esta obra, transcreveremos algumas preces pelos animais, algumas delas inseridas ao longo da narrativa. Deve-se orar sempre com a convicção na força das palavras e em nossa responsabilidade, por sermos dotados de linguagem, de utilizá-las como um dos instrumentos de amparo aos animais que compõem este território onde reinamos como seus protetores.

Oração Pela Cura De Um Animal

"Deus Todo-Poderoso, que me concedeste o dom de identificar em todas as criaturas do universo um reflexo da luz do Vosso amor; que confiaste a mim, humilde servo de Vossa infinita bondade, a guarda e proteção das criaturas do planeta; permiti que, através de minhas mãos imperfeitas e de minha limitada percepção humana, eu possa servir de instrumento para que Tua divina misericórdia recaia sobre este animal, e que através de meus fluidos vitais eu possa envolvê-lo em uma atmosfera de energia revigorante, para que seu sofrimento se desfaça e sua saúde se restabeleça.

Que assim se cumpra a Vossa vontade, com o amparo dos bons espíritos que me cercam. Amém".

Oração Pelo Animal Que Acaba De Morrer

"Aos anjos protetores dos animais, e a Deus Todo-Poderoso, rogo pelo espírito do meu cão/gato ... (nome), para que siga em paz durante este curto período de recuperação que lhe é concedido no mundo espiritual. Que seu breve retorno ao plano físico sirva de exemplo para que eu possa, através dele, compreender o processo de reencarnação que a misericórdia divina concede para a cura e progresso espiritual da humanidade. E que o amor que nos uniu neste plano possa trazê-lo novamente para junto de mim, com o mesmo olhar doce e a suave alegria que me permitirão reconhecê-lo ao primeiro contato visual. Agradeço a Deus que, com sua bondade infinita, concedeste-me o dom de identificar nos animais os exemplos mais simples do processo de nascimento e morte que se opera ao longo de nossa secular trajetória existencial, e que neles possamos encontrar a esperança de uma nova vida, a cada fim de ciclo de existência física a que nosso espírito se submete pelo bem maior da evolução e na certeza de que a felicidade será sempre alcançada. Amém."

Oração De Agradecimento Pela Recuperação Da Saúde Do Animal

"A ti, meu Criador, venho humildemente agradecer pela recuperação da saúde de ... (nome do animal) e pedir que essa graça se estenda por todo o seu período de vida neste plano.

Tenho a consciência de que a missão que os animais trazem ao plano físico é servir de exemplo a nós, humanos, para que aprendamos com eles a aceitar com resignação a todas as vicissitudes da vida.

Por isso Vos rogo, Senhor, que me ilumine todos os dias de minha vida, de modo que eu possa sempre enxergar, com retidão e sabedoria, que o sofrimento que aflige a matéria é passageiro, porém o crescimento espiritual que dele advém é eterno.

Obrigado(a), meu bom Deus, pela oportunidade que me concedeste através deste ser inocente e por ter permitido que, ao final, ele tenha superado o mal físico que o atingiu.

Que a Vossa Misericórdia possa se estender a todos os animais que habitam o planeta e que sofrem de alguma dor física neste momento.

Amém".

Oração Por Aqueles Que Cometem Atrocidades Contra Os Animais

"Senhor, Deus dessa humanidade insensível e atroz, qual será o futuro de meus irmãos? Misericórdia Vos peço a todos os seres humanos, para que a luz da Justiça Maior ilumine a face do planeta e que cessem essas ações que estão a ocasionar atrasos milenares na evolução espiritual do homem. Senhor, que a bondade destes irmãos oprimidos pelos homens, que os fazem vítimas em série da crueldade institucionalizada, possa se espalhar em amor, afastando as energias fluídicas da ambição e do egoísmo, para que predomine no planeta a misericórdia e a compaixão que brotam dessa fonte infindável de onde todos indistintamente, sejam homens ou animais, se originaram para cumprirem, juntos, os desígnios da Criação: a busca da perfeição. Que assim se faça".

Oração De Boa Noite Aos Nossos Animais

"Ao Deus Misericordioso, que criou todos os seres que habitam o planeta, para que pudessem coexistir harmonicamente com a Humanidade, e ao meu guia espiritual, que protege todos os animais que comigo moram nesta casa, peço humildemente que guardem o sono destas inocentes criaturas, afastando delas todos os males noturnos e permitindo que repousem com segurança e tranquilidade, para que possam saudar a manhã vindoura com a alegria contagiante de todos os dias.

Que seus sonhos sejam tranquilos e que seu espírito possa se deslocar para esferas de beleza e paz durante o desprendimento noturno.

Assim seja".

Oração Pelo Animal Desaparecido

"É com o sentimento pleno de humildade e resignação que me prostro diante de Vós, Senhor, neste momento de angústia pelo qual eu e (nome do animal) passamos, quando nossos caminhos, até então únicos, por uma circunstância da vida agora se abriram, sujeitando-nos a rumos diferentes.

Que nossa separação seja breve e que os anjos guardiões possam protegê-lo onde quer que ele esteja e trazê-lo de volta para junto de mim. Para tanto, abro-me neste momento a toda e qualquer intervenção intuitiva, a fim de que eu possa ser guiado(a)ao encontro deste ser que me ensinou a amar com uma pureza e desprendimento que eu jamais havia experimentado antes.

Entretanto, se alguma infeliz circunstância fizer com que ele se desprenda deste plano físico, que tal ocorra da forma mais indolor possível e que, de igual modo, nossos espíritos protetores possam ampará-lo no percurso até a realidade espiritual, onde receberá todas as graças necessárias para que regresse ao mundo físico com as energias renovadas, onde certamente nos encontraremos em breve.

Espero com fé que ele retorne, seja com as vestes físicas com que se afastou ou com nova aparência, depositando em mim o mesmo olhar cativante que marcou nossa união perpetuada pelo amor. Que assim seja".

www.ingramcontent.com/pod-product-compliance
Lightning Source LLC
Chambersburg PA
CBHW061539120726
48001CB00004B/1624